Siegfried Lenz

Amerikanisches Tagebuch 1962

| Hoffmann und Campe |

Boston

23. Oktober Vormittags hinaus zum Friedhof von Copp's Hill auf dem die Kolonisten bereits 1660 ihre Toten begraben. Ich fand die Namen vieler Kapitäne. Keine Grabhügel, nur verwitterte Steine, die oft die Aufschrift tragen: departed her ... Der Künstler geht still. Drei der Erbauer der berühmten US-Fregatte "Constitution" die auf der andern Seite des Hafens immer noch liegt, liegen hier begraben. Viele biblische Namen, Sarah etc. Viele Frauen starben jung, selten erreichten Männer das 70. Lebensjahr. Niemand war auf dem Friedhof, nur ein alter Mann der mit einer kleinen Axt Holz spaltete, wofür? Langer Fußweg durch das italienische Viertel an Waffengeschäften (Messer, Gewehre) und Konditoren vorbei in deren Fenstern riesige weißliche Torten lagen, giftiges Rosa, schreckliches Weiss. Die Männer auf der Strasse sprechen italienisch. Paul Revere's Kirche aus der er mit Laternen seinen Landsleuten die Ankunft der englischen Soldaten signalisierte. Im Hotel, im Drug: überall wir folgt man mit Anteilnahme die amerikanischen Offiziere zur Blockade Cubas. Erstaunlich, in welcher Geschlossenheit die amerikanische Nation hinter ihrem Präsidenten steht. Auch die Opposition beeilt sich, dem Präsidenten in dieser Lage ihre ganze Unterstützung zu versichern. Umfragen, die fortlaufend einige Radiostationen auf den Strassen veranstalten, zeigen die gleichen Ergebnisse: die Entscheidung des Präsidenten wird gutgeheissen. Ich erlebe alles aus unmittelbarer Nähe und muss die Art begreifen lernen, in der dieses Volk sich auf sein nationales Prestige besinnt. Eine Frau sagte: "The president is always mostly right and a little bit wrong." Ein Harvardstudent: "When we can't

50 Jahre später – Ein Vorwort
von Siegfried Lenz

Vor fünfzig Jahren erhielt ich eine Einladung, die USA zu besuchen. Diese Einladung war mit keinen besonderen Erwartungen verknüpft. Man bot mir an, auf einer Reise Land und Leute kennenzulernen und mir ein Bild zu machen von den Vereinigten Staaten. Leidlich vertraut mit Geschichte und Literatur überließ man es mir, die Orte zu wählen, die ich sehen, die Menschen zu nennen, denen ich begegnen wollte. Fürsorglicher, großzügiger kann eine Reise nicht geplant werden.

Von Anfang an zeigte sich die Vollkommenheit amerikanischer Gastfreundschaft: Im Osten und im Westen, im Süden und Norden, wohin ich auch kam, überall wurde ich erwartet, fragte man mich nach meinen Wünschen. Überall gab man mir zu verstehen, daß ich mich nicht allein fühlen sollte. Allein zu sein, ratlos und vielleicht sogar hilflos zu sein: Dieses Gefühl wollten mir alle Gastgeber ersparen. Sie fragten mich nicht zuerst: »Wie finden Sie Amerika?«, sondern: »Was können wir für Sie tun auf Ihrer Reise?« Diese Besorgtheit um den Gast ließ wie von selbst die Vermutung entstehen, was das Alleinsein für manche meiner Gastgeber selbst bedeutet haben mag. Schon zu Anfang der Reise hörte ich das Bekenntnis: Man kann leicht verlorengehen in diesem Land, auch im betäubenden Gewimmel des großen Molochs New York.

Dankbar stellte ich fest, daß man mich an die Hand genommen hatte und an der Hand hielt, wohin immer ich kam. Unübersehbar waren die Bemühungen, mir selbst bei zufälligen Begegnungen das Gefühl der Fremdheit zu nehmen. Noch bevor ich eingeladen war, dem offiziellen Besuchsprogramm zu genügen, legte sich mir eine Hand auf die Schulter und ein Kontorist, oder ein Lehrer, oder ein Feuerwehrmann lud mich ein, ihn in seinem Haus zu besuchen, zu einer örtlichen Spezialität.

Verblüfft nahm ich das Anvertrauen der Amerikaner zur Kenntnis: Schon nach dem Abendgespräch wusste ich, wieviel das Haus gekostet hat, ich kannte die Arbeitsbedingungen meines Gastgebers, kannte sein Einkommen und seine politischen Neigungen. Der Vergleich stiftete Nähe. So manches Gespräch machte mir deutlich, daß wir alle ähnlichen Bedingungen unterworfen sind, ähnliche Hoffnungen haben, ein Ende der Fremdheit zeigte sich da wie von selbst. Und auch dies ist ein Grund, Dankbarkeit zu empfinden. Je mehr du mich in dein Leben einweist, desto mehr erfahre ich über mein eigenes Leben. Das Anvertrauen meiner Gesprächspartner bedenkend, wächst auch ein Gefühl der Verbundenheit.

Es gibt mancherlei Gründe zur Dankbarkeit. Unwillkürlich mußte ich bei mancher Begegnung an die Erfahrungen der Nachkriegszeit denken, an die Kälte, den Hunger, an andere mannigfache Not. Sie waren es, die Amerikaner, die Sieger, die bemüht waren, die große Not der Geschlagenen zu lindern, und nicht nur in meinem Land. Amerikanische Hilfeleistungen erreichten etliche europäische Häfen, bewahrten viele Menschen vor der Verzweiflung: Es gibt Erfahrungen, die nicht dem Vergessen anheimfallen sollten; dies wird für immer meine Erfahrung bleiben.

Zum ersten Mal in dem Land, dessen Menschen wir für die Hilfe in extremer Zeit zu danken haben, wollte ich nur dies: ein Tagebuch führen. Ich wollte nicht so sehr herausfinden, ob das, was ich sah und erlebte meinen Vorstellungen entsprach, sondern einfach festhalten, was der Tag brachte, was er mir an Kenntnissen ließ. Damit so wenig wie möglich verlorengehe, entschied ich mich für schlichte abendliche Bilanzen. Und während ich schrieb – erschöpft mitunter, überwältigt vom Augenschein, glücklich über neue Informationen –, erfüllte mich abermals ein Gefühl großer Dankbarkeit. Was ich im Kopf und im Herzen trug, offenbarte sich als ein besonderes, ein unverlierbares Geschenk.

Hamburg, Mai 2012

Amerika-Reise
für
Lilochen geschrieben

Hamburg, 15. Oktober

8:30 Uhr, Abflug von Hamburg; bei guter Sicht über die Zuidersee, der angemessen künstliche Eindruck, über den Kanal nach London. Eine Stunde Aufenthalt, dann, im Jet-Clipper, Start nach New York. Das junge Mädchen mit der Gitarre (»Essen Sie Lakritz?«), das zu einem Esso-Direktor als Haushaltsgehilfin ging; der schwarze Bassist; biedere Männer, die wie Regierungsinspektoren anmuteten; das lächelnde rosige greise Ehepaar vorn, das der Besatzung Geschenke machte. In 13 000 Metern über die Irische See, Begegnung mit einer Düsenmaschine, Irlands Felder, der Atlantik. Ich konnte die Schiffe erkennen, die Schaumkronen der Wellen, die seltsamerweise nicht zu wandern schienen, wieder Schiffe und Wolken, die die Sicht nahmen. Ein zeremonielles Mittagsmahl, das zwei Stunden dauerte, viel Alkohol, Gefrorenes (Orangeneiscreme). Danach zog der Steward die Fensterblenden zu, lud zum Kurzschlaf ein. Als ich wieder hintersah, lag Labrador unter uns, Seen, Ströme, braune Wälder und graue Berge. Es war sehr klar. Wir flogen an der Küste entlang; Seensysteme, auf denen einzelne Motorboote erkennbar waren, nie ein Haus. Das gepflegte alte Ehepaar

machte weitere Geschenke, Stewards und eine Stewardess
bedankten sich überschwenglich. Der Pilot sagte: »Wir sind
über amerikanischem Land: Maine.« Eine knappe Stunde
noch, dann flogen wir von der See New York an, beziehungsweise Idlewild[1]: Das Sumpfgelände, von Kanälen durchzogen,
auf denen unzählbare Motoryachten und -boote schwam-
men, Trümmergrundstücke, die von herrlichen Wagen eingeschlossen waren, Landebahnen und Abstellplätze für Flugzeuge. Nach siebenstündigem Flug Landung, Besichtigung
durch den Gesundheitsinspektor. Als der Immigrationsin-
spektor Schwierigkeiten machen wollte, meldete sich Mr. Slater (vom *State Department*) und holte mich ab. Mit mir reiste
ein junger norwegischer Politiker (Mathiesen), der von seinem Freund, einem UNO-Beamten, abgeholt wurde. Während Mr. Slater sich um alles kümmerte, ging ich mit den Nor-
wegern in ein modernes Warte-Walhalla, eine riesige Kuppel
aus Beton; die beiden Mädchen, die photographiert wurden,
mit Lederhosen, Lederstrumpf-Jacken, die Fransen hatten,
stramme kleine Hintern, die sie angehalten wurden, heraus-
zustrecken: die Mädchen machten den Eindruck von Wachsblumen.

Weiterflug nach Philadelphia (beim Landen platzte ein
Reifen), dann, mit feuerspeienden Auspuffrohren, nach Washington; unterwegs Gespräch mit Mathiesen: ein junger Politiker der norwegischen Arbeiterbewegung, er hat während
des Krieges als Widerstandsmann in einem deutschen Lager
gesessen. Wir sprachen über den »ostdeutschen« Kommunismus, fanden zu der gleichen Ansicht. Ein sehr freundlicher
Beamter empfing uns in Washington, brachte uns während

der Rush-hour in unsere Hotels. Ich wohne im Windsor Park, Connecticut Avenue, im siebten Stock. Die erste liebenswürdige Handlung des Beamten bestand darin, mir den Fernseher einzuschalten.

Es ist sehr heiß, über 30 °C, die Luftfeuchtigkeit unerträglich. Ich versuchte gleich zu schlafen, lag jedoch zwölf Stunden wach.

---

1 Der New Yorker Idlewild Airport trägt seit Ende 1963 den Namen *John F. Kennedy International Airport.*

Washington, 16. Oktober

Um 9:15 Uhr erstes *appointment* mit Mr. Milos O. Ptak im *Department of State*, Telefonat mit Dr. Schött von der Deutschen Botschaft, der bereits Nachricht hinterlassen hatte. Mr. Ptak schenkte mir Tabak, den seine Tochter beim Pferdewetten gewonnen hatte und fuhr mich zu meinem zuständigen Sponsor vom *American Council of Education*, Mr. Lewis H. Carnahan, der sich rührend nach all meinen Absichten, Wünschen und Plänen erkundigte und dann einen ganzen Vormittag lang ein Programm für mich entwarf.

Er riet mir, den Süden des Landes zuletzt zu bereisen, wegen der Hitze, und schlug vor, zunächst nach Boston zu reisen und weiter westwärts, was ich gern annahm. (Nach Oxford[1] riet er mir einstweilen nicht zu gehen, die Leute stehen dort wegen der Rassenauseinandersetzungen unter Hochspannung, sie könnten vermuten, ich wollte sie als ausländischer Schriftsteller desavouieren.)

Nun, das Programm ist festgelegt, und jetzt kann es losgehen. Das Frühstück ist eine herrliche Mahlzeit hier (im Gegensatz etwa zu Italien): Eiswasser, eisgekühlter Fruchtsaft, Kaffee, gebratene Wurst und Eier: *wonderful*.

Nachmittags um 14 Uhr, nach schnellem Duschbad, Treffen mit Thilo Koch[2] bei der NBC. Thilo Koch fuhr mich raus zu seiner Villa, leicht im Wald gebaut (Laubwald), *Air Condition*, bemerkenswert schön (40000 Dollar). Thilo ist Rundfunk- und Fernsehkorrespondent, ein enormes Arbeitspensum, dennoch fast ohne Echo. Darin liegt der Grund seiner Resignation; ohne das mindeste Echo zu sein (weder Zustimmung noch Ablehnung). Wir sprachen einen ganzen Nachmittag zusammen, er war sehr resigniert, dazu körperlich angeknackst, da er bei der Rückreise von New York in Philadelphia eine Notlandung hatte. Er sieht keine Möglichkeit, in diesem Land zu bleiben. Gespräche über die Probleme Amerikas: die Überproduktion, der Rassenstreit, Kuba, Berlin (Kuba als außenpolitische Mausefalle). Im Berufsverkehr nach Hause. Der Verkehr, die Fahrweise, keine Fußgänger, herrliche Villen.

Morgens: Schwarze auf dem Schulweg: rauchende Zehnjährige, die Mädchen: scheu, anmutig, mit wassergekämmtem Haar, manchmal geölt, kleine abstehende gezwirbelte Zöpfe, die Jungen sehr selbstbewußt, schlendern, die Bücher unterm Arm, den Autofahrer herablassend musternd, über die Fahrbahnen. Ich machte meine ersten Einkäufe im *Drugstore*, stand lange vor einem Scherzartikelgeschäft, in dessen Auslagen ein Tod hing, ein harmloser Tod aus Laternenpapier. Neben dem Geschäft wurde Kennedy in Gips verkauft, mit weit offenem Mund und eigensinniger Stirnfalte.

1 In Oxford, Mississippi, lebte und arbeitete William Faulkner, den Siegfried Lenz sehr schätzt. Er verstarb am 6. Juli 1962. Siegfried Lenz zog dennoch einen Besuch in Betracht.

2 Thilo Koch (1920–2006) begann seine Karriere als Schriftsteller, bevor er journalistisch für das Fernsehen (zunächst für den NWDR/NDR) und die Presse (u. a. für die ZEIT) arbeitete. Als Washingtoner Korrespondet wurde er mit regelmäßigen Beiträgen für die *Tagesschau* in Deutschland sehr bekannt.

Washington, 17. Oktober

Morgens Spaziergang. Die Art der Begrüßung zwischen amerikanischen Männern. Kurze Besprechung im *American Council*. Dann, mit Familie Koch, Besuch von *Mount Vernon* am Potomac, George Washingtons Heim und Residenz, heute ein nationaler Schrein, ein Wallfahrtsort, wo die beiläufigsten Gegenstände den Rang eines Relikts haben: Rasiermesser, Knöpfe, Ziegelsteine, selbstgenähte Nachthemden von Frau Washington. Eine Nation ohne tiefreichende Geschichte schafft sich so Vergangenheit. Das Gespräch zweier Amerikanerinnen angesichts Washingtons Bett: (»Er muß klein gewesen sein. Früher waren alle kleiner.« »Was meinst du damit?« »Nichts besonderes.« »Aber du mußt doch was gemeint haben.« »Hochgewachsen war er nicht.« etc.) Über dem Potomac gelegen, in der großzügigsten Parklandschaft, die man sich denken kann. Vögel, Pflanzen. Die Andacht der Besucher, Schulklassen, viele Frauen, auch junge Ehepaare. Am Potomac patrouilliert berittene Polizei. (Alle Informationen im *Mount Vernon Handbook*.)[1]

Nachmittags in die Stadt. Der singende, vor sich hin singende Filipino. Ich ging zum *Post Office*, kaufte Marken, die

Fahndungsplakate an der Wand, ich beguckte sie (alle gesucht wegen Postraub, auch ein Soldat war darunter, weiches Gesicht), während mich ein Schwarzer am Schalter unentwegt beobachtete. Ich lächelte ihm zu, er lächelte nicht zurück. Im *Drugstore*, die Wortlosigkeit, die Einsamkeit der amerikanischen Männer. Keine Abschiede. Die Männer scheinen unter einem besonderen Druck zu stehen. Zwei schwarze Frauen, die Brote schmieren, Hamburger braten, alles beklecksen mit Ketchup, wortlos die Teller auf die Theke schieben, ausdruckslos nach weiteren Wünschen fragen, sobald man sie länger als eine Sekunde ansieht. Sie scheinen außerstande, das geringste Gefühl zu zeigen.

Beim Anblick der schweigend, fast reglos dasitzenden Männer erwartet man unwillkürlich eine plötzliche Explosion, wartet auf einen befreienden Amoklauf, auf einen tröstlichen Ausbruch in eine Verzweiflungstat. Ich sah auch Schwarze so dasitzen auf einem Geländer, ein Mädchen ging vorbei, die Männer sahen fast gleichgültig über es hin.

Morgen beginnt mein eigentliches Programm.

---

1 Siegfried Lenz führte dieses Reiesetagebuch auch als Dokumentation für seine in Deutschland gebliebene Ehefrau Liselotte. Die gesammelten Reisedokumente, Prospekte etc. sind nicht erhalten.

Washington, 18. Oktober

Es ist immer noch sehr heiß, die Luftfeuchtigkeit so groß, daß das Hemd nach fünf Minuten am Körper klebt. Mit einigermaßen bangem Gefühl zum Büro des *American Council*, wo man für mich einige *appointments* bereithalten wollte; das Gefühl der Abneigung, des Widerstands wurde noch stärker, als mir der Kollege von Mr. Carnahan fünf *appointment cards* überreichte und sagte: »Das ist heute Ihr Programm.« Beklommen, übellaunig zog ich los, fasziniert von diesem bürokratischen Aufwand (der sich jedoch als sehr praktisch erwies. Sie wollen jeden Zufall bannen, in allem, ein riesiges Netz unter die Existenz ziehen; nun ja).

Um 9:30 Uhr der erste Treffpunkt: Mrs. Marsh, *Library of Congress*. Ein betagter Bediensteter führte mich durch die größte Bibliothek der Welt, ein Dom, ein St. Peter für Leser. Kein Eisen wurde beim Bau verwendet, nur der beste Marmor der Welt. Viele Lesende, viele Schwarze, gute intelligente gesammelte Gesichter. Die Führung dauerte eine halbe Stunde, die Symbole wurden mir erklärt (auch Heines Name steht in der Galerie der Poeten an der Decke); dann Treffen mit Mr. Louis Untermeyer, *Consultant in Poetry to the Library of Congress*. Ein älterer, sehr reizender Herr, selber Schriftsteller und Poet, der ein wenig nervös war, da es ihm oblag, in Washington ein *Poetry Festival* vorzubereiten. Es soll am 22. Oktober beginnen, man erwartet unter anderen den 88jährigen Robert Frost. Wir sprachen eine halbe Stunde, ganz unverbindlich, überhaupt sind die meisten Gespräche ganz unverbindlich, dann lud er mich zum Essen ein, doch vorher sah ich Dr. Arnold Price, *German Specialist*, bleich, in einer heißen Zelle. Er zeigte mir meine Bücher, ich fand bei ihm fast alle Autoren der Gruppe 47, er selbst hatte einen Essay über das Nibelungenlied geschrieben (Freudsche Interpretation). Leos *x-mal Deutschland* auf dem Tisch.[1] Von Dr. Price zurück zu Dr. Untermeyer, sehr gutes Mittagessen im *Department of Justice* (Leber mit Schinken, Kuchen, Blumenkohl, Suppe). Die Männer sind ungewöhnlich freundlich, jeder das Abziehbild eines Amerikaners, in seiner Weise. Hilfsbereit, großzügig. Untermeyer teilte meine Ansicht über das prinzipielle Engagement des Autors.

Nach dem Essen um 14 Uhr zu Mrs. Maidel Richman ins *Meridian House, Institute of Contemporary Arts*, wo ich wieder – und dies vor allem – Adressen von Leuten erhielt, die ich unbedingt auf meiner Reise sehen soll. Gleichzeitig Einladung mit ihr zu Sir Herbert Read zu gehen, der morgen in der Stadt erwartet wird. Nach langer Konversation brachte sie mich zu John Gernand von der *Phillips Collection*, einem ebenfalls außerordentlich liebenswürdigen, bescheidenen und gebildeten Mann, der mich beinahe drei Stunden durch dieses Wunder seiner Privatsammlung führt (es soll die »Beste der Welt« sein – ein Wort, das hier nicht selten zu hören ist).

Wir saßen und schwiegen vor Klees, Renoirs, Daumiers, Van Goghs, er erzählte mir lediglich während des Gehens über die Gründung der *Collection*. Spät ins Hotel, müde, schweißnass.

---

1 Das umfangreiche Buch *x-mal Deutschland* von Rudolf Walter Leonhardt (1921–2003) erschien 1961 und beschreibt in 63 Episoden das Deutschland der Nachkriegszeit.

Washington, 19. Oktober

Man fühlt sich verantwortlich für mich, man sagt, ich solle hier nie das Gefühl haben, allein zu sein – man sagt es zu oft, so daß ich vermuten kann, daß meine Wirte die Einsamkeit beziehungsweise die Probleme des Alleinseins kennen. Um 10:00 Uhr schickte man mich zum ersten *appointment*, zur *Folger Shakespeare Library*, die eine einzige bewundernswerte Huldigung an Shakespeare ist: eine Ausstellung von Manuskripten, Stichen, Kostümen, Modellen, Porträts, Gemälden, dann jedoch, im Keller, hinter Tresoren, die zufielen, sobald ich den Eingang passiert hatte, mit dem reizenden cleveren Weibchen Mrs. Mason: u. a. 79 Exemplare der *First Folios* von 1623, 58 Exemplare der *Second Folio* von 1632 und 24 Exemplare der *Third Folio* von 1663–64. Es ist wahrscheinlich die umfangreichste, kostbarste Sammlung von Shakespeareana in der Welt – in einem Kellerraum z. B. sämtliche Shakespeare-Ausgaben, die je in englischer Sprache seit 1769 erschienen sind. Der Studierraum hat elisabethanische Atmosphäre. (Einzelheiten im Prospekt)

Danach Wanderung zum *Capitol*, etliche photographierende Amerikaner; der Blick auf die Stadt (kein Gebäude darf höher sein als das *Capitol*). Mittags mit Dr. Martin Schött von der Botschaft; er fuhr mich zu sich nach Hause, sehr hübsches *Flat*, nicht weit vom Potomac. (Schött arbeitet mit dem Kulturattaché Haak zusammen, ist wohl sein Vertreter.) Seine Nachbarn, fast alles Diplomaten, schneiden ihren Rasen selbst. Die Wildnis beginnt unmittelbar dahinter, manchmal kommen Giftschlangen auf die Terrasse. (Ein Nachbar fand eine Schlange in der Küche, erschlug sie und warf sie in den Küchenabfallzerkleinerer.)

Schött gehört zu den jüngeren Diplomaten, die, wenn nicht alles täuscht, mühsam das Bild korrigieren, das man draußen von Deutschland hat. Den Botschafterwechsel Grewe / Knappstein kommentierte er mit den Worten »vom Regen in die Traufe«. Es gab ein einfaches, sehr schmackhaftes Mittagessen (gefüllte Pfannkuchen). Er bot mir an, in Washington zu lesen; ich werde es nicht schaffen. Er brachte mich nach interessantem Tischgespräch über Eigenarten der Amerikaner in die Stadt zurück, wo ich bereits erwartet wurde. Mr. Carnahan, mein *Program Specialist*, gab mir ein Bündel Flugkarten, meine Reiseroute mit Abflugzeiten und sagte nur: »Das Land steht Ihnen offen, fahren Sie los, mit Sicherheit werden Sie überall erwartet werden.«

Die gewisse Einsilbigkeit amerikanischer Männer, besonders Taxifahrer. Einstweilen: kein Land für mich, in dem ich leben möchte.

Washington, 20. Oktober

Kochs luden mich zu einer Fahrt zum Shenandoah-National-park ein. Ich sollte etwas zum Picknick besorgen, der Mann in der Bar, der mich ansprach, hieß mich willkommen. Er schien sehr einsam zu sein. Mit Hühnchen also hinaus zu den Kochs, wo wir uns bereitmachten. Eine einzigartige Fahrt durch eine Landschaft Virginias, die zum größten Teil aus Gentleman-Farmen zu bestehen schien: schöne Pferde, die von Mädchen in sehr engen Jeans, kurze, weiße Gerten in der Hand und mit langen Haaren über die Hügel geritten wur-den – nirgendwo einstweilen Zeichen von Mühsal, Schweiß, Not und schweren Nächten. Wir kreuzten den Potomac auf einer Fähre, Washington blieb immer weiter zurück, die Straße wurde schmaler, der Wald rückte gegen sie vor, die Bäume mit hängendem Efeu und Lianen beschwert. Farm-häuser, Autofriedhöfe in der Nähe der Straße, die herbst-lichen Wälder in brennenden Farben – wer lebte dort? Lebte dort überhaupt jemand? Hinter den Häusern schien alles Le-ben zu enden. Es war – Ende Oktober – sehr heiß, und dann fand ich, worauf ich gewartet hatte, schäbige Farmhäuser, aus Holz, die Fenster vernagelt, ausgebrochen, auf den Veranden defekte Schaukelstühle, die seit dem *Civil War* gestanden haben können. In manchen dieser schäbigen abgelegenen Häuser wohnten Schwarze, riesige Wagen vor der Tür, Fernseher. In einem Tal Obstgärten, das aromalose Obst Virginias, das in großen Körben an der Straße feilgeboten wurde, dazu eiskalter *Apple-Cider*, den wir leider nicht probierten. Zwei Stunden dauerte die Anfahrt, Mittagessen in einem ganz auf den Autofahrer zugeschnittenen Dorf: *Drive-in-Bank*, *Motel* etc.

Der Shenandoah-Nationalpark, ein sanftes Mittelgebirge, war überfüllt von Autos, wir fuhren in einer Kolonne, hielten, wie die anderen, vor jedem Aussichtspunkt, warfen aus dem Wagen einen Blick auf das bescheidene Idyll verschwiegener Täler und fuhren weiter. Rückfahrt im Berufsverkehr: ein Alptraum. Am Weg, immer wieder, Früchte, darunter riesige Melonen und Kürbisse, von Indianern hergestellte Flechtwaren und Souvenirs. Viele überfahrene Eichhörnchen, Skunks und auch Hunde.

Abends kamen zu Thilo Koch Korrespondenten: Lothar Loewe[1], Jochen Schwelien[2] von der FAZ. Schwelien insbesondere erzählte hochinteressant vom Besuch des Außenministers Schröder in Washington. Schwelien kennt Schröder seit langem; er hält ihn für einen smarten Verräter und Ehrgeizling ohne eigene Ideen. Loewe erzählte von einer Eisenbahnfahrt Moskau – Warschau: Es ist eigentümlich, wie gut man einige Dinge kennt, ohne sie vom Augenschein her zu kennen. Auch heute wieder die Erfahrung, wie sehr isoliert Korrespondenten arbeiten und leben. Schwelien fuhr mich zurück ins Hotel. (Hier sagen die Leute oft: Das größte in der

Welt! Pentagon, das größte Gebäude, *Library of Congress*,
die größte Bibliothek in der Welt, die größte *gas station*, die
größte, die größte.)

---

1 Lothar Loewe (1929–2010) war zu dieser Zeit Korrespondent des ARD-Fernsehens in Washington.

2 Hans Joachim Kreuzwendedich Schwelien (1913–1978) war langjähriger Amerika-Korrespondent von NDR/WDR, Die ZEIT und der Stuttgarter Zeitung.

Washington / Ankunft Boston, 21. Oktober

Dieser Sonntag brachte zwei Enttäuschungen: Aus meinem Anzug wurden achtzig Dollar gestohlen (man hat an die Stelle eines 100-Dollar-Scheins einen 20-Dollar-Schein hineingelegt). Die zweite war läßlicher: auf der Suche nach einem Taxi, das mich zum Heldenfriedhof Arlington hinausbringen sollte, saß ich einem abgebrühten *Sightseeingmanager* auf, der mir 14,50 Dollar abknöpfte. Er peitschte mich durch Museen[1], in denen amerikanische Väter ihren Söhnen und Töchtern rührend Geschichte, Vorgeschichte, Tiere und Technik erklärten: *Spirit of St. Louis*, Glenns Kapsel[2], Ichthyosaurier-Skelette, Indianer-Gewänder, Angelhaken der Südseeinsulaner, das Geld einer Südseeinsel, das aus riesigen Mühlsteinen mit einer Öffnung besteht. (Frage eines Vaters an seinen Sohn: »Möchtest du dies Geld haben?« Antwort: »Ja, nur es ist schwierig, es zu wechseln.«)

Fahrt nach Arlington, über 80 000 Gräber, nicht weit vom Pentagon, in den Hügeln Virginias, jenseits des Potomac. Wechsel der Wache, die Fernsehkameras, die Ansprache des Wachhabenden, der sich vorstellt, die Zuschauer ermahnt, ruhig zu sein, Militärpersonen auffordert zu grüßen.

Viele berühmte Tote liegen hier, General Walker, General Pershing, Al. Foster Dulles. Die Toten schauen auf Washington hinab.

Iwojima: Zwei der sechs, die die Fahne aufrichteten sind noch *alive*.[3] Rötliche Erde, frische Blumen, weiße Steine, keine Grabhügel. Viele ältere Frauen waren hier. Für vierzig Cent in einem *Drug* gegessen, dann mit Gepäck vom Hotel zum Flugplatz. Das Treiben auf dem Flugplatz Washingtons. Die riesigen Entfernungen zwingen hier dazu, das Flugzeug wie ein Taxi zu benutzen. Die Frauen, ihre Kleidung, die Mädchen: dicke Hintern, dreiviertellange Hosen, Lockenwickler und Handtasche.

Drei Stunden gewartet, dann Flug nach Boston, der circa zwei Stunden dauerte, über Baltimore und New York. Manchmal hatte ich das Gefühl, über eine einzige riesige Stadt zu fliegen, eine Kontinentsstadt; die Lichterketten unter uns hörten lediglich dann auf, wenn wir auf See hinausdrehten. Freundlich belangloses Gespräch mit meinem Nachbarn im Flugzeug, der mir freimütig sagte, die Amerikaner seien die freundlichsten Leute in der Welt. Ich gab ihm recht. Das Essen im Flugzeug: guter Kaffee, guter Kuchen, geschmackloses Steak und geschmacklose Kartoffeln. Sanfte Landung in Boston. Ein Taxifahrer, der gut deutsch sprach – er war als Soldat in Coburg – brachte mich ins Hotel, in dem bereits ein Brief für mich bereitlag. Ich wohne im Copley Square Hotel; noch habe ich von Boston nichts gesehen.

1 Zahlreiche Museen und Galerien der *Smithsonian Institution* befinden sich zu beiden Seiten der *National Mall* – einem langgezogenen Grünstreifen – zwischen dem *Washington Monument* und dem *Capitol*.

2 John Herschel Glenn landete im Februar 1962 nach dreimaligem Flug um die Erde mit seiner Raumkapsel *Friendship 7* planmäßig im Atlantik. Der Flug dauerte 4 Stunden, 50 Minuten und 34 Sekunden.

3 Iwojima ist der Name einer japanischen Insel, um die in einer der bekanntesten Schlachten des Zweiten Weltkriegs zwischen den Streitkräften Japans und denen der USA gekämpft wurde. Sie währte vom 19. Februar bis zum 26. März 1945. – Das *Iwojima Memorial* oder *US Marine Corps War Memorial* wurde 1954 als Kriegerdenkmal am Rand des Friedhofs von Arlington errichtet und erinnert an den Sieg der Amerikaner. Das Denkmal folgt einer Photographie von Joe Rosenthal, auf der sechs amerikanische Marines die amerikanische Fahne als Zeichen des Sieges hissen.

Boston, 22. Oktober

Ich wohne im Copley Square Hotel, Huntington Avenue, bescheidene Mittelklasse, 5. Stock. Auch in diesem Hotel eigenes Bad und Toilette, der Hotelkomfort ist wirklich beispielhaft. Boston scheint ein wenig billiger zu sein als Washington, ich merkte es an den Frühstückspreisen: für achtzig Cent kriegt man ein sehr gutes Frühstück.

Sonniges Wetter, doch sehr viel kühler als Washington. Ich machte einen Spaziergang zum *Boston Center for International Visitors*, wo mich ein freundliches heiseres Frauchen, Mrs. Isabella Halsted, empfing. New England ist überall gerechtfertigt: die Häuser mit ziegelrotem Vorbau, die messingbeschlagenen Türen, die etwas leisere Art.

Ich ging durch den öffentlichen Park, wo zwei Männer Tauben und Spatzen fütterten und wo ein Denkmal daran erinnert, daß in Boston zum ersten Mal Äther benutzt wurde, um die Schmerzen bei der Operation auszuschalten. An einem Schild las ich, daß hier die Gesellschaft von Massachusetts zur Verhinderung von Grausamkeiten an Kindern residiert (das Mittelalter blinzelt). Eine sauber, kühl anmutende Stadt. Mrs. Halsted, die die Sponsorrolle übernommen hat, empfing mich mit Kaffee und Eifer, drückte mir Pläne und Programme in die Hand, ließ sich sagen, wer ich bin und jagte mich gleich um die Ecke in die nächste Bibliothek, ins *Boston Athenæum*, wo ein jüngerer Bibliothekar, Gay mit Namen, mich führte. Er zeigte mir 2/3 von George Washingtons Privatbibliothek, die hier aufbewahrt wird, Bücher über Landwirtschaft, Geschichte; sodann zeigte er mir alte Stiche von Boston, mit maliziösem Lächeln. Ich blieb nicht lange bei ihm, zum Abschied erkundigte er sich, wer ich sei, worauf er mir »Alles Glück der Welt« wünschte.

Vieles im amerikanischen Leben hat den Stil der Anzeige, der Annonce: Alles wird sehr gut gemacht, übertrieben, angepriesen, die Sprache stellt sich darauf ein, man versucht die billigen Preise zu rechtfertigen, indem man den Kunden die Skepsis nimmt. Eine Anzeigen-Phraseologie beherrscht viele Köpfe; Aufmachung ist alles; man akzeptiert stillschweigend die kleine Lüge. Das Selbstbewußtsein der Tramps, die im Park lagen, der Besoffene am Friedhofszaun, und immer die mächtigen Frauen, die mißbilligende Blicke werfen. Heute wurde ein vierzehnjähriger Junge erschossen, von einem Vorübergehenden, einem Fremden, ohne jeden Grund: eine der Explosionen, die man zu erwarten bereit sein sollte dort, wo die Männer stehen, reglos, leer, spuckend. Nach kurzer Mittagsruhe wieder ins Büro von Mrs. Halsted marschiert; sie hatte neue Verabredungen für mich getroffen, überlegte lange, was alles sie mir noch außerdem antragen konnte. Ich bat sie, mir den Abend zu überlassen; ich kaufte mir Obst, ging früh ins Hotel.

Rede von Präsident Kennedy, sehr ernst, sehr besorgt:

Die USA haben sich angesichts der kommunistischen Gefahr, die von Kuba droht, entschlossen, eine Blockade zu verhängen; alle weiteren wichtigen Schritte sind eingeleitet.[1] Hoffentlich bleibt der Friede in der Welt erhalten. Ich nehme mir vor, eine Weile hinter einem Amerikaner herzugehen, nur herzugehen. Morgen wieder mehrere *appointments*; früh zu Bett.

---

1 Mit seiner Fernsehansprache am 22. Oktober 1962 informierte John F. Kennedy seine Landsleute über die sowjetischen Pläne, atomare Mittelstreckenraketen auf Kuba zu stationieren.

Boston, 23. Oktober

Vormittags hinaus zum Friedhof von Copps Hill, auf dem die Kolonisten bereits 1660 ihre Toten begruben. Ich fand die Namen vieler Kapitäne. Keine Grabhügel, nur verwitterte Steine, die oft die Aufschrift tragen: *departed her life*. Sehr kühl, sehr still. Drei der Erbauer der berühmten US-Fregatte »Constitution«, die auf der anderen Seite des Hafens immer noch liegt, liegen hier begraben. Viele biblische Namen, Sarah etc. Viele Frauen starben jung, selten erreichten Männer das 70. Lebensjahr. Niemand war auf dem Friedhof, nur ein alter Mann, der mit einer kleinen Axt Holz spaltete, wofür? Langer Fußweg durch das Italienerviertel, an Waffengeschäften (Messer, Gewehre) und Konditoreien vorbei, in deren Fenstern riesige wächserne Torten lagen, giftiges Rosé, schreckliches Weiß: Hochzeitstorten. Die Männer auf der Straße sprechen italienisch. Paul Reveres Kirche, aus der er mit Laternen seinen Landsleuten die Ankunft der britischen Soldaten signalisierte.

Im Hotel, im *Drug*: überall verfolgt man mit Anteilnahme die amerikanischen Aktionen zur Blockade Kubas. Erstaunlich, in welcher Geschlossenheit die amerikanische

Nation hinter ihrem Präsidenten steht. Auch die Opposition beeilt sich, den Präsidenten in dieser Lage ihrer ganzen Unterstützung zu versichern. Umfragen, die Zeitungen und Radiostationen auf den Straßen veranstalten, zeigen die gleichen Ergebnisse: die Entscheidung des Präsidenten wird gutgeheißen. Ich erlebe alles aus unmittelbarer Nähe und muß die Art ungemein bewundern, in der dieses Volk sich auf sein nationales Prestige besinnt. Eine Frau sagte: »The President is always mostly right and a little bit wrong.« Ein Harvardstudent: »When we can't live with dignity in freedom, so let's die with dignity.«

Mittags Treffen mit Peter Davison, einem jungen Dichter und Redakteur von *The Atlantic*[1], der mich zum Essen einlud. Ich fragte ihn nach den Leiden junger amerikanischer Dichter. Er sagte: Die Einsamkeit, die Reaktionslosigkeit der Gesellschaft. Die einzige Genugtuung bietet die Sprache, die amerikanische Sprache. Sehr sympathischer Junge, dessen Reserve zunächst durch Höflichkeit verdeckt war, im Laufe des Gesprächs jedoch ganz verschwand. Er beantwortete mir freimütig alle Fragen. Abends lud er mich in sein Haus ein. Nachmittags fuhr Peter Davison mich nach Harvard hinaus, wo ich die Professoren des *Department of German* kennenlernte, u. a. Hatfield[2], Blume[3] und Spaethling. Mit Prof. Spaethling[4], der viele meiner Arbeiten kannte, ging ich in ein Studentencafé, wo wir den ganzen Nachmittag verplauderten. Er erzählte mir etwas über die Situation Harvards: 12 000 Studenten, Rivalität zur Stadt (man zahlt keine Steuern an die Stadt), die Offenherzigkeit der Studenten in allen Angelegenheiten. Er wollte manches wissen über die literarische Situation in Deutschland, fühlt sich sehr abgeschnitten. Langer Spaziergang durch das Studentenviertel.

Abendbrot und Gespräch bei Peter Davison, vor allem über die politische Situation. Ich bin erstaunt zu sehen, wie sehr sich die Intellektuellen überall gleichen. Das Interesse für Politik überwiegt jedes andere. Auch Peter war der Meinung, daß die deutsche Bekräftigung des amerikanischen Schritts gegenüber Kuba ein paar Stunden zu früh kam.[5] Dies war – unverhofft – der bisher beste, der am meisten anregende Tag in den USA.

---

1 Peter Davison (1928–2004), Lyriker und Journalist, veröffentlichte 1963 seine erste sehr beachtete Gedichtsammlung *The Breaking of the Day* und wurde später verantwortlicher Redakteur für Lyrik bei *The Atlantic*.

2 Henry Caraway Hatfield (1912–1995), amerik. Germanist.

3 Bernhard Blume (1901–1978), dt. Schriftsteller, Dramatiker und Germanist, der Deutschland 1936 verließ und zu dieser Zeit Prof. für deutsche Kunst und Kultur in Harvard war.

4 Robert H. Spaethling, ging 1952 in die USA und kam 1959 als Prof. für Neuere deutsche Literatur nach Harvard. 1965 gab er die Erzählungssammlung *Jäger des Spotts und andere Erzählungen* von Siegfried Lenz heraus (bei Norton, NY).

Boston, 24. Oktober

Sehr bedrückt; man erwartet stündlich die Begegnung zwischen russischen und amerikanischen Schiffen und fürchtet das Äußerste[1]. Im Hotel werden, gegenüber vom Fahrstuhl, die letzten Nachrichten vom Portier mit der Hand angeschrieben. Die Zivilstellen werden mit Anrufen überschwemmt; man fragt nach Schutzgelegenheiten.

Eine Flotte von Düsenbombern landete hier. Florida gleicht einem Heerlager; die meisten Flughäfen sind für die zivile Luftfahrt gesperrt. Ich machte einen Spaziergang in der Stadt, sah amerikanischen Bauarbeitern zu, die mit ungewöhnlicher Disziplin arbeiten.

Das riesige Gerüst, das Schild: *The mistake you make today – might be your last mistake.*

Mittags mit Lilochen telefoniert: In der Entfernung nimmt sich alles doch sehr anders aus.

Ich wurde abgeholt zu einer Fahrt nach Concord, einem der idyllischen Plätze Neu-Englands, wo sich Geschichte ereignet hat, hier sogar auch Literaturgeschichte. Ich stand vor der Brücke, an der sich 1775 während der Revolution britische Truppen und *Minutemen* gegenüberlagen[2]. Ich besuchte das Museum, in dem eine Darstellung der Schlacht gezeigt wird – alles geschnitzt, in steifem Realismus. Hier in Concord bei Cambridge wohnten Emerson, Thoreau, Hawthorne. Hier in der Nähe liegt *Walden*, wo Thoreau sein Lebensexperiment machte, bei dem er herausfinden wollte, wie sehr sich die Ansprüche reduzieren lassen. Merkwürdig: Bei der ersten Lektüre sah ich immer Wildnis vor mir; *Walden* liegt jedoch in einer heiteren parkähnlichen Landschaft. *The Cabin* wird Thoreaus Hütte genannt. Im Museum von Concord ist Thoreaus bzw. Emersons Bibliothek. Welche weitläufigen Interessen.

Rückfahrt bei Einbruch der Dunkelheit, in einem unübersehbaren Verkehrsstrom schwimmend. Die Disziplin der Fahrer ist bewundernswert. Ich stieg am Harvard-Square in Cambridge aus, versuchte die 45 Holden Street zu finden, in der Prof. Bernhard Blume lebt, bei dem ich zum Abendessen eingeladen war. Ich fragte eine Reihe von Amerikanern; alle waren sehr freundlich, alle schickten mich irgendwo hin, alle wiesen mich in die Irre: zum Schluß nahm ich ein Taxi. Köstliches Abendessen, amerikanischen Wein probiert, der an die nordafrikanischen Landweine erinnert. Prof. Blume ist seit 1936 in Amerika. Seine Frau arbeitet in einem Hospital. Sie erzählte, daß man hier mit gleicher Selbstverständlichkeit seinen *mental breakdown* erwähnt wie wir in Europa einen Besuch beim Zahnarzt. Zwischen acht und halb zehn kamen eine Reihe sehr sympathischer amerikanischer und deutscher Professoren, angeregte, unverbindliche Unterhaltung.

Hatfield war auch gekommen. Man bleibt nicht sehr lange zusammen; um halb elf gingen die ersten, wir um 11 Uhr. Ein Stündchen saßen wir noch bei Robert Spaethling zusammen, dann fuhr ich ins Hotel. Blume sagte mir, daß ein Harvard-Student sehr gesiebt wird; Studiengebühren zwischen 2000–2500 Dollar im Jahr. Stipendien sind sehr möglich. Ein ordentlicher Professor wie er verdient bestenfalls 16 000 Dollar im Jahr. Das wird als respektables Gehalt angesehen. Jochen Bumke[3] fuhr mich ins Hotel zurück. Mit betrunkenem Amerikaner im Fahrstuhl hinauf: der Mann stand unter Dampf wie eine Lokomotive.

1 An diesem Tag tritt die US-amerikanische Seeblockade gegen sowjetische Raketenfrachter mit Kurs auf die kubanischen Häfen in Kraft. Der sowjetische Versuch, Atomwaffen auf Kuba zu stationieren, wird im letzten Moment abgebrochen, und die Sowjetunion erklärt sich am 28. Oktober zur Aufgabe des Raketenstützpunktes auf Kuba bereit.

2 An der *Old North Bridge* nahe Concord kam es im April 1775 zu ersten bewaffneten Auseinandersetzungen nordamerikanischer Siedler (unter anderen der als »Minutemen« bezeichneten Milizen) mit den Truppen der britischen Kolonialmacht. Sie markieren den Beginn des amerikanischen Unabhängigkeitskrieges (1775–1783).

3 Joachim Bumke (1929–2011) war Mediävist und hatte zu dieser Zeit eine Stelle an der Harvard University angetreten. Nach drei Jahren kehrte er zurück nach Berlin.

Boston – Gambier (Kenyon College), 25. Oktober

Mit schweren Kopfschmerzen erwacht; ein Melabon half sehr rasch. Beim Frühstück die Gesichter in der Küche beobachtet, die sich über den Radioapparat schoben, sobald Nachrichten über die Kuba-Krise gegeben wurden.

Aufgeregt kam der Portier zu mir. Er bat mich um die Erlaubnis, mir einen Rat geben zu dürfen. Mit dem Hinweis auf die Absicht der Russen, auf Kuba Raketen zu stationieren, riet er mir, meine Reise zu bedenken und nach Hause zu fahren. Ruhig sagte er: »The United States of America are prepared to go to war.«

Ich genieße die erste Mahlzeit immer noch: Juice, Kaffee, Toast, Eier mit Schinken. Im Durchschnitt bezahle ich für ein Frühstück zwischen sechzig und achtzig Cent. In Ruhe gepackt, dann zur Rezeption, wo man meinen Aufbruch bedauerte: Man wußte, daß ich aus Hamburg war, offenbar hegt man hier eine gewisse Sympathie für die eilfertigen Alliierten, die Deutschen – was übrigens der Taxichauffeur bestätigte, der mich zum Flugplatz hinausfuhr: Wie soll man nur auf nationale Komplimente reagieren? Ich schwieg.

Flug nach Cleveland am Eriesee, über eine schwedisch anmutende Landschaft: Wälder und felsige Hügel, klare Seen, weit auseinandergezogen. Wohnbezirke, Häuser im Einheitsstil. Im Flugzeug Dinner: Der Service ist bei weitem nicht so gut wie auf europäischen Strecken, die Flugzeuge scheinen älteren Datums, scheinen auch viel strapaziert: Man fühlt sich nicht sehr sicher.

Kurzer Aufenthalt in Cleveland, dann Weiterflug nach Columbus, wo wir im Schneetreiben, im Schneeregen landeten. Ich wurde abgeholt von Herrn Hecht[1], einem jungen *Instructor* vom Kenyon College; über zum Teil verschneite Straßen fuhren wir eine knappe Stunde und kamen gut in Gambier an. Ein kleines Dorf – nahezu jeder, der hier lebt, hat mit dem College zu tun, an dem etwa fünfhundert Studenten studieren (der Student bezahlt im Jahr 1300 Dollar). Ich wurde im Gästehaus aufgenommen (Alumni). Abends fand ein Vortrag statt von Aldous Huxley, es war ein Ereignis für Gambier, der Saal war überfüllt.

Auch ich ging hin. Huxley sprach über Erziehungsprobleme (Genetik, Hypnose, Bewußtseinsänderung) zitierte Spinoza und variierte einige Gemeinplätze. Ich war erstaunt über die Dürftigkeit seines Vortrags – gleichwohl war jeder bereit, dem großen Namen mit Lachen und Beifall zu huldigen. (Vermutliches Honorar: 2000 Dollar) Ich ging nicht zu dem Empfang, der ihm zu Ehren gegeben wurde, schlenderte durch die klare Kälte über den Campus und später fuhr ich noch zu Hecht, der mich zu einer *Coke* einlud. Er ist *Instructor* für Deutsch, er beklagte sich über das Niveau der Studenten, »es sind bessere Oberschüler«, sagte er. (Hecht verdient, da er keinen Titel hat und noch nicht Professor ist, etwas über 5000 Dollar im Jahr.)

1 Edmund P. Hecht (1929–2010) kam 1954 nach seinem Studium der Literaturwissenschaft in Kiel und Innsbruck in die USA. Seit 1960 arbeitete er am Kenyon College in Gambier, OH, und brachte u.a. Günter Grass und Uwe Johnson nach Ohio.

Gambier – Kenyon College, 26. Oktober

In einer winterlichen Parklandschaft erwacht, Studenten gingen mit ihren Büchern über den Campus, zu den Fakultätsgebäuden, die durchaus an englische Schulen erinnern. Ich ging zum *Village Inn* hinüber, dem einzigen Ort, an dem man hier essen kann, erhielt ein fabelhaftes Frühstück. Robie Macauley[1], mein Sponsor in Gambier, gleichzeitig Editor der *Kenyon Revue*, holte mich hier ab: ein gemütlicher, welterfahrener, dabei sehr junger Gelehrtentyp, der eine leise, vorsichtige Art zu sprechen hat. Wir fuhren kurz an seinem Haus vorbei – einem für deutsche Verhältnisse wunderbaren modernen Bungalow, sehr geräumig, mit herrlichen Ausblicken, was hier aber überall zu finden ist – und danach in die Redaktion der Zeitschrift, einem Kellerraum in einem College-Gebäude, wo wir über die stehenden Fragen sprachen. George Lanning und Robie meinten, daß der amerikanische Schriftsteller an einer *Matter of Subject* leidet, an seiner Isolation, daß er andererseits aber unbedingt Ja sagt zu der beherrschenden, beinahe missionarischen Rolle, die Amerika heute in der Welt spielt. Das Ja betrifft die politischen und sozialen Einrichtungen weniger, von den kulturellen sprachen wir nicht.

Besuch der Bibliothek, der Studenteneishalle, der Kirche, eines Buchladens; dann Umzug in das Privathaus von Mrs. Rahming, die mir freundlicherweise ein Zimmer abgetreten hat, da es hier ja keine Hotels gibt. Sie ist die Frau eines verstorbenen Kunstgeschichtlers. Das Haus aus Holz sehr großzügig, riesige Räume, Hund und Katze auf dem Sofa. Ich versuchte, drei Hemden in die Wäscherei zu bringen – unmöglich, da nur rotierende Kessel mit Bedienungsvorschriften da sind; niemand nimmt einem etwas ab – ich weiß nicht, wie man die Apparaturen steuern muß. Ich nahm meine Hemden und zog ab. Mittagessen im *Village Inn*, dann Besuch bei dem sehr angesehenen Lyriker John Ransom[2], mit dem ich über Milton sprach und über die Gerechtigkeit, die der Teufel für sich beanspruchen darf. Ein sehr gebildeter alter Herr, der mich immerfort an Wilhelm Lehmann[3] erinnert; weißes Haar, helle Augen, leichter Körper, manische Mitteilsamkeit. Er ist nicht der Meinung, daß der Dichter heute in den Wissenschaften erfahren sein muß. Wieder die Unverbindlichkeit, die quasi-Höflichkeit. Ich frage mich, warum ich noch weiterreise. Ich glaube zu wissen, was mich überall erwarten wird. Auf die Landschaften freue ich mich. Heute abend will Robie Macauley für mich eine Cocktail-Party geben. Ich fühle mich trotz aller Programme sehr allein. (Die Party bei Macauley war sehr nett, über Erwarten: Robie briet uns auf dem Grill riesige, unvorstellbar große Steaks, während sein kleiner Junge ihn ungeheuer terrorisierte.) Erstaunt, wie groß und zuverlässig die Kenntnisse über Thomas Mann und Brecht sind: von beiden werden Ausstellungen vorbereitet. Mir zuliebe machte Frau Macauley Salat aus *alligator pears*.[4]

1 Robie Mayhew Macauley (1919–1995), Autor und Journalist, trat nach seinem erfolgreichen Literaturstudium am Kenyon College 1942 als amerik. Soldat in den Zweiten Weltkrieg ein. Seine Arbeit als Agent beim *Counter Intelligence Corps* (CIC) führte ihn nach Nazideutschland, später nach Japan. Nach dem Krieg arbeitet er als Journalist, unternimmt in Diensten der CIA ausgedehnte Reisen, immer wieder auch nach Europa. Ab 1958 ist Macauley leitender Redakteur von *The Kenyon Review*, einer einflußreichen literarischen Zeitschrift. 1966 geht er als Redakteur für Literatur zum *Playboy*, später wird er Lektor bei Houghton Mifflin.

2 John Crowe Ransom (1888–1974), amerik. Schriftsteller und Kritiker, war von 1937 bis 1958 Prof. am Kenyon College und so lange auch verantwortlicher Redakteur von *The Kenyon Review*, die er 1939 gegründet hatte. Robie Macauley wurde sein Nachfolger.

3 Wilhelm Lehmann (1882–1968) war Lehrer und Schriftsteller in Eckernförde. Siegfried Lenz kannte ihn aus den 50er Jahren.

4 Avocados.

Gambier – Kenyon College, 27. Oktober

Morgens eine Vorlesung besucht, in der Prof. Berman[1] die kritische Aufnahme Shakespeares vom 17. bis 19. Jahrhundert behandelte. Die Studenten rauchen, fragen dazwischen, auch der Professor fragt. Ich hatte den Eindruck, daß es ein überaus praktisches Kolleg war, in dem nur Schlüsselzitate gebraucht wurden; kein Ballast. Es waren mehr Anregungen – der Professor brachte einen Stapel Bücher mit, zitierte aus ihnen, hielt sie hoch – als Spekulationen und Mutmaßungen. Der Student kann so in den Landschaften des Wissens nicht verlorengehen. Alles nimmt sich wie Klassenunterricht aus; so sollte es in einer idealen Oberprima zugehen. Berman machte eine Reihe von Witzen und ironischen Bemerkungen, die von den Studenten belacht wurden. Nahezu jeder Student hat einen eigenen Wagen.

Hecht war mit mir, und nach der Vorlesung fuhren wir am Kokosing-River (Fluß der Eulen) entlang nach Mount Vernon, in ein Einkaufszentrum (*supermarket*), wo ich etwas für meine Wirtin kaufen wollte. Ich fand kein Geschenk, trotz verzweifelter Suche: entsetzliche Devotionalien, Wachsblumen, billiger Porzellankitsch. Es war unmöglich, etwas zu finden. Eßwaren sind ungewöhnlich billig: Etwa ein Pfund geräucherter Schinken kostet fünfzig Cent; selten, sehr selten Preise, die über den Dollar hinausgehen. Die teuersten Hemden: 1,98 Dollar. Ich aß zwei Frankfurter (mit Kaffee) für fünfzig Cent. Das Wetter ist wieder besser geworden, klar, wärmende Sonne. Die herbstlichen Wälder Ohios leuchten. Vögel und Eichhörnchen. Es gibt eine sehr interessante Frucht, die man auf vielerlei Weise bereiten kann (oft zum Salat); sie heißt *alligator pear*: Krokodilsbirne, wächst in Florida.

Ich bin allein in dem sehr großen Haus.

Hecht, der *Instructor*, erzählte mir über den Zwang der Modelle; er erfreut sich keiner unbedingten Sympathie, da er in seinem Garten Bäume gefällt hat; der Präsident des College tadelte ihn dafür mehrmals. Überhaupt scheint er ziemlich isoliert zu sein – kein Wunder, da er inmitten triumphierenden amerikanischen Selbstbewußtseins ein starrköpfiger Verteidiger alles Deutschen ist. – Mittags holte Robie mich zu einem Footballspiel zweier Universitätsmannschaften ab. In ihrer Verkleidung, mit Helm, Mundschutz, gepolsterten Schultern und Gelenken, sehen die jungen Leute wie böse Monstren aus. Merkwürdig: Es sind schöne Menschen, mager, gutgeschnittene Gesichter, sie bewegen sich frei und selbstbewußt. Sie tun, was ihnen Spaß macht, tragen Kleidung, die sehr leger ist. Kenyon verlor das Spiel: große Anteilnahme im ganzen Village: in der Kneipe, in der Post, beim Gemüsemann.

Abends eingeladen bei George Lanning,[2] dem zweiten Redakteur der *Kenyon Review*. Ein amerikanischer Junggeselle, preziös eingerichtet: viele Spiegel und Aktzeichnungen. Mißverstandener Dandyismus amerikanischer Provenienz. Er lebt mit Hund und einem großen schönsprechenden Vogel. Er hatte eine Bibliothekarin eingeladen, ein Mädchen, das sich als Blaustrumpf verkleidet hatte, um von keinem Mann angesprochen zu werden. Das ist der Gegentyp: die männerhassende, männerzurückweisende Frau. Langes Gespräch über Henry James, McCullers, über die Gründe, die Amerikas Unbeliebtheit in der Welt erklären könnten. Psychologische Gründe herrschen vor – war die Meinung. George briet riesige Steaks und backte Kirschtorte. Sehr schmackhaftes Essen.

Abends bei Studentenparty, später noch bei Hecht mit einem Kollegen.

1 Ronald S. Berman, amerik. Literaturwissenschaftler, Prof. für englische Literatur, ab 1962 sowohl Mitarbeiter am Institut als auch *Associate* Editor bei der *Kenyon Review*. Später lehrte er am Muir College in San Diego.

2 George Lanning (1925–1995), erfolgreicher Autor, insbesondere von Kurzgeschichten, und Kritiker, kam 1952 zur *Kenyon Review*; veröffentlichte später zusammen mit Robie Mayhew Macauley einige Bücher, u.a. über fiktionales Schreiben.

Gambier – Kenyon College, 28. Oktober

Das Gasthaus, das einzige hier, war zum Frühstück überfüllt. Ein junger Student, der allein an einem Tisch saß, stand auf, tippte eine Gesellschaft an (ebenfalls Studenten mit ihren Mädchen) und bot ihnen den Tisch an, während er selbst einen Hocker an der Theke wählte. Der Sonntag hier auf dem Lande ist sehr leer, trübselig, kein Spaziergang, niemand tritt vors Haus; nur Wagen fahren vorbei, durch den Wald, hin und her, ich weiß nicht, wohin. Ich schrieb Karten und Dankadressen, sprach dann einen Augenblick mit meiner Wirtin, deren Mann Professor für Kunstgeschichte war, seit einigen Jahren tot ist. Sie führte mir die Kunststücke ihres Dackels Camalita vor, den sie aus Mexiko mitgebracht hat. Er spielt grandios Versteck und Blinde Kuh und macht Bauchrollen und Männchen. Das teuerste Menu auf der Reise aß ich heute im *Village Inn*: 2,50 Dollar. Es gab: Juice Cocktail, Gemüse, Eiswasser, Hammelbeinbraten, gerösteten Blumenkohl, Kartoffelpüree, Sauce, Kuchen und Brötchen, Eis, Kaffee.

Nach dem Essen zum Campus, wo eine Bibliothekseinweihung stattfand. Robert Frost war da; die Spender des Geldes, mit dem die Bibliothek errichtet worden war, nehmen unbewegten Gesichts die h.c. Doktordiplome entgegen, die reichlich verteilt wurden. Muß die Wissenschaft nicht das Geld insgeheim verachten? Gerade, weil sie auf es angewiesen ist.

Eine Prozession des Kollegiums führte über den Campus zur Bibliothek, wo ein Bischof außer Dienst den Himmel zum Schutz anrief und das Gesicht Jesus Christus herbeirief.

Wie lässig und zivil doch Dozenten hier den Talar tragen. Einige Herren rauchten und redeten während der Prozession. Am Nachmittag setzte plötzlich ein Wolkenbruch ein, heftiger Wind, der Himmel wurde dunkel. Hoffentlich kann es morgen weitergehen nach Cedar Rapids. Heute ist Lilochen in Los Angeles gelandet; ich hoffe, daß alles gut verlaufen ist. Morgen vormittag will ich versuchen, sie anzurufen.[1] Jetzt Einladung zum Abendessen bei Hecht, der auch noch einige Kollegen dazugebeten hat. Es kam jedoch nur einer ...

[1] Nicht zuletzt aufgrund der politisch unsicheren Verhältnisse hatte sich Liselotte Lenz entschlossen, ihre geplante Reise in die USA nicht anzutreten.

Gambier – Kenyon College /
Cedar Rapids, 29. Oktober

Morgens Abschied von dem kleinen verschwiegenen Gelehr-
tendorf, meine Wirtin, Mrs. Rahming, kam auf einen Sprung
aus der Fabrik, um mir Adieu zu sagen: auch bei ihr der mis-
sionarische Gedanke. Sie wollte kein Geld von mir für das
Zimmer; ich sollte mich nicht nur als Amerikas, sondern
auch als ihr persönlicher Gast betrachtet haben. Ein Chauf-
feur des Colleges fuhr mich sechzig Meilen zum Flugplatz
Columbus. Auf jedem Flugplatz sah ich bisher die Bomber
der SAC[1], auch hier. Pünktlicher Abflug nach Cedar Rapids,
Iowa – das Wetter war klar, ich konnte das Land unter mir gut
erkennen, viel Bauernland, den obligaten Flickenteppich. Die
Farmen werden von Osten zum Westen hin immer größer:
Aus dem Flugzeug kann man das erkennen. Wir flogen zu den
Seen hinauf, dann in einem Bogen auf Chicago zu, über dem
ein rötlicher Dunstschleier lag. Über Fabrikstädte, aus denen
der Qualm stieg, über die riesige Ausdehnung dieser Stadt
zum Flugplatz, wo ein Verkehr herrschte, der den von New
York noch zu übertreffen schien. Überall starteten und landeten Maschinen, von elektronischen Gehirnen gerufen, verab-
schiedet, zum Warten aufgefordert.

Eine knappe Stunde Aufenthalt, dann in der Dunkelheit Weiterflug nach Cedar Rapids über Des Moines. Am Flugplatz abgeholt von Mr. Ewoldt, dem *Vice President* der Handelskammer[2]. – Große Enttäuschung: Mein gesamtes Gepäck ist verschwunden. Wir geben sofort eine Verlustanzeige auf; meine Sachen müssen in Chicago geblieben sein. Im Hotel Telegram von Lilochen. Sehr unentschieden, ob ich die Reise fortsetzen soll. Telefongespräch mit Lilochen: Die Anmeldung dauerte sechs Minuten, dann war ich durchgestellt. Ich wartete bis 12:00 Uhr (Mitternacht) in meinem Zimmer, dann ging ich ins Bett, ohne meine Sachen erhalten zu haben, spekulierend, was ich noch tun könnte, wenn ich meine Koffer nicht zurückerhielte. Das Zimmer im Sheraton-Montrose Hotel, mit Bad, Fernsehen und Frühstück, kostet 5,50 Dollar. (Das Frühstück besteht aus Juice, unbegrenzten Mengen Kaffee und verschiedenen Sorten Kuchen und Torten.) Offenbar hat das *State Department* Vertragspreise mit verschiedenen Hotels. Ich benachrichtigte meinen nächsten Sponsor in Laramie, daß ich meinen Fahrplan nicht einhalten könnte.

---

1 Die *Strategic Air Command* (SAC) war bis 1992 ein bedeutender, international agierender Teil der amerikanischen Luftwaffe.

2 Harold F. Ewoldt, leitender Mitarbeiter der Handelskammer und Stadthistoriker, schrieb Ende der 80er Jahre eine sehr detaillierte Geschichte der Handelskammer von Cedar Rapids, Iowa.

Cedar Rapids, 30. Oktober

Um 8:30 Uhr holte mich John Sewell ab[1]. Unrasiert ging ich ins Hotel hinab, erkundigte mich nach meinem Koffer, man telephonierte mit dem Flugplatz, da kam ein *Bellboy* dazu, zog auf einmal meine Sachen hinter einem *desk* hervor. Gottlob, daß ich die Sachen wiederhabe. Mr. Sewell smart, eifrig, Lehrer und strebsamer Missionar in einem, fuhr mich zur Schulbehörde, wo ich zwanzig Leuten im Geschwindschritt vorgestellt wurde, die sich alle schrecklich freuten, mich hier zu sehen. Es scheint für jeden die Freude seines Lebens zu sein; der Superintendent der Erziehungsbehörde erzählte mir dann auch, daß er seit ein paar Tagen mit seinem Freund abgemacht habe, weniger zu rauchen. Aufnahmen mit einer Schnellkamera. Nach unverbindlichem Wechsel von Floskeln Fahrt zu einer Elementarschule, wo man mich durch die Klassen jagte, dann Fahrt zu einer High School, wo die Tortur durch endlose überheizte Korridore weiterging. Immerhin, ich habe einen gewissen Eindruck vom amerikanischen Schulsystem erhalten. Die Elementarschule splittert sich klassenweise in zwei Gruppen auf, Lese- und Erzählgruppen; die High School hat alles, wovon der alte Schüler träumt: einen

Raum zum Autofahren (im Stand), Werkstätten, Laboratorien, ein Schwimmbad, alles. Der Unterricht zeigt gewisse sokratische Methoden. Die Rede-Klasse war sehr interessant: Jeder Schüler wurde aufgefordert, eine Wahlrede zu halten (zum Klassenpräsidenten) und stellte sich zur Wahl, indem er seine Qualitäten und Ziele erwähnte. Auch hier wurde Selbstgewißheit, Selbstsicherheit trainiert. Die Schule hat eine eigene Zeitung, die in eigener Druckerei von Schülern gemacht wird. Karges Mittagessen, zu dem mich der Direktor einlud. Nachmittags Besuch des Coe-College in Cedar Rapids; wieder die gleiche Atmosphäre von unverbindlicher Liebenswürdigkeit. Nicht ohne Stolz zeigte man mir die verschiedenen Abteilungen; beachtlich: die Theaterabteilung mit dem Theater, das über 1100 Plätze verfügt. Neben dem Theater eine permanente Ausstellung. Ich sprach mit einigen Professoren, die mir versicherten, daß das Niveau nicht sonderlich hoch sei im Vergleich zu englischen oder deutschen Universitäten. Leider ließ man mich nicht in eine Vorlesung.

Völlig erschöpft nach diesem Rennen durch drei verschiedene Schulsysteme kam ich ins Hotel, ruhte mich einen Augenblick aus und wurde kurz darauf wieder abgeholt zu einem Abendkaffee – in Iowa herrscht Prohibition – im Stadttheater, dessen Existenz der Privatinitiative eines einzigen reizenden Ehepaars zu verdanken ist. In Iowa gibt es etwa vierzig dieser *Community Theatres*. Robert Behr war ein liebenswürdiger Gastgeber. Um zehn abends ins Hotel, wo mir Mr. Ewoldt, mein Sponsor, bekannte, warum er Republikaner ist und dennoch den Demokraten Adlai Stevenson[2] als Präsidenten sehen möchte. Beim Bier in der Bar – dem einzigen

Getränk, das hier ausgeschenkt werden darf –, machte er mich außerdem auf die Probleme der Farmer aufmerksam. Überall erhalte ich vorbereitete Broschüren und Informationen; ich könnte einen Zentner mit nach Hause nehmen.

1 John T. Sewell, Lehrer und Mitglied der *Kiwanis Club of Cedar Rapids.*

2 Adlai Ewing Stevenson (1900–1965), Jurist und Politiker. 1952 und 1956 war er Präsidentschaftskandidat der Demokraten; scheiterte beide Male an Dwight D. Eisenhower. – Kennedy ernannte ihn 1961 zum Botschafter bei den Vereinten Nationen. In dieser Funktion sorgte Stevenson während der Kuba-Krise 1962 für Aufsehen, als er auf einer Dringlichkeitssitzung des UN-Sicherheitsrates Fotos zeigte, die die Existenz von sowjetischen Raketen auf Kuba bewiesen.

Cedar Rapids, 31. Oktober

Morgens Besuch einer Zeitung (*Cedar Rapids Gazette*), wo Larry mich interviewte; ein junger sympathischer Journalist, der ohne jeglichen Vertrag arbeitet. Das ist bezeichnend: so wie er zu jeder Sekunde seinen Hut nehmen und gehen kann, so kann ihm auch sein Chef zu jeder beliebigen Zeit kündigen. Er erkundigte sich nach den Problemen, denen sich ein deutscher Schriftsteller gegenübersieht, wollte meine Ansicht über Berlin und Kuba und das amerikanische Volk wissen. Mein Gott, was nützen, was helfen persönliche Konfessionen.

Nach einer Stunde Rückkehr ins Hotel, wo Vernon Owens mich erwartete: ein Gentlemanfarmer, breitkrempiger Hut, riesiger Straßenkreuzer. Achtzehn Meilen fuhr er mich aufs Land hinaus, zunächst nach *Amana*, einem offenbar berühmten Gasthaus, das von einem früheren Deutschen geführt wird. Die Leute kommen siebzig Meilen weit hergefahren, um hier zu essen. In der Gegend siedelt eine ehemals deutsche Kolonie, die bekannt ist für seltsam urkommunistische Gebräuche, wie gemeinsames Mahl aller Bewohner, gemeinsames Füßewaschen etc.

Ich wurde zu einem ungewöhnlich frugalen Mahl eingeladen: Sauerkraut, Reis, Kartoffelpüree, Nudeln mit Fleisch, Hühnchen, Roastbeef, Kaffee, Apfeltorte, Eis; danach sprachen wir über die Probleme der Farmer. Es ist erstaunlich, was dieses Land beziehungsweise Volk produzieren kann. Obzwar die Produktion schon um 20 % gedrosselt ist, ist sie immer noch zu hoch, und man erwägt eine 40 %ige Senkung des Produktionsvolumens. Die Regierung hilft dem von Not betroffenen Farmer.

Überall die riesigen Silos, in denen Korn gespeichert wird. Der Trend zur Stadt macht sich auch hier bemerkbar, gleichwohl kann keine Rede davon sein, daß der amerikanische Farmer nicht sein Land liebt, nicht eine gewisse Seßhaftigkeit zeigt. Unvermutete Tatsache: kleine Farmen wechseln relativ öfter den Besitzer als große; diese bleiben nach Möglichkeit im Familienbesitz. Der Farmer muß sich spezialisieren, muß vor allem vieles in einem sein: Veterinär, Elektriker, Mechaniker, Manager etc.

Nach dem Essen fuhren wir weiter ins Land, besuchten die Brüder von Vernon Owens, reizende riesige Burschen, jeder hat eine Farm, ihre Häuser liegen sich gegenüber. Sie ziehen Rinder und Schweine, bauen Mais. Sie brachten gerade den Mais ein, sie demonstrierten, wie der *Cornpicker* arbeitet; er schafft in zwanzig Minuten, wozu ein Handpflücker früher einen ganzen Tag brauchte. Die großen Kolben sind schon am Stiel getrocknet. Die Erde ist schwarz, pulverig; Mais kann viele Jahre immer auf derselben Erde angebaut werden. Kaffee auf der Farm; großzügige, sehr komfortabel eingerichtete Wohnräume mit Kamin und allem Komfort. Besichtigung der Farm von Mr. Owens (er selbst lebt in der Stadt, sieht nur

gelegentlich draußen nach dem Rechten). Besuch bei einem
Halbfarmer, der nebenher für Radio und TV arbeitet. Er erzählte, daß amerikanische Farmer sehr für sich leben, kein
Treffpunkt, keine langen Diskussionen, wortlose Hilfsbereit-
schaft der Pioniere. Abends zum Essen bei Vernon Owens,
Halloween der Kinder (leuchtende Kürbisse, *tricky-tracky*
kleine Gaben). Vernon, dessen Vater auf *Horseback* sich Land
nahm, brachte mich ins Hotel zurück. Ein sehr strapaziöser,
aber ein Tag voller Eindrücke. Gepackt.

Cedar Rapids / Denver, 1. November

Um 8:30 Uhr holte mich Harold Ewoldt ab und fuhr mich
die sieben Meilen zum Flugplatz hinaus. Ein klarer, kühler
Morgen, die Sonne schien, wir tranken zusammen Kaffee am
Flugplatz. Autofriedhöfe unterwegs. Pünktlicher Abflug, ich
sah zwei Polizisten am Eingang, registrierte es nicht sonderlich. Ein sehr freundlicher, hilfsbereiter, stolzer Amerikaner (Verpackungsfachmann für militärische Geräte) gab mir
seine Karte: Wo immer ich im Land Schwierigkeiten haben
sollte, ich möchte ihn sofort in Chicago anrufen, *collect call*,
R-Gespräch.

Flug über die Länder und Felder Iowas, über Flußläufe,
wenige Wälder, gerade Straßen, der Akt der Erschließung ist
aus der Luft noch sichtbar. Über die Felder Nebraskas, immer wieder blitzen unten die silbernen Kuppeln der Silos
auf. Es sind gewaltige Felder, dunkelbraun, graubraun, die
Farmhäuser werden seltener, aufgeworfene Gebirge, skelett-
artig, manchmal wie der Abdruck eines ungeheuren Blattes
im Land. Colorado: Wir fliegen über den Wolken, das Land
wird hellbraun, gelblich, unbebaute Regionen, in die die
Farmer ihr Land hinein ausweiten, trotzige Bogen. Ein jun-

ger magerer sympathischer Amerikaner bittet mich um eine Zigarette. Wir kamen ins Gespräch. Er erzählt von den Seen in Minnesota, an denen er gerade gefischt hat, Hechte und Welse auf Spinner. Er will nach Phoenix, Arizona. Er ist sehr gut gewachsen, er gehört zu den schönen wohlgewachsenen Menschen, aus denen diese Nation vornehmlich besteht.

Sanfte Landung in Denver, Colorado, nach niedriger Schleife über die Bungalow-Vorstädte, die zu jeder größeren Stadt gehören. Die Treppe wird an den Flugzeugrumpf herangeschoben, unten erscheint ein Polizist, legt die Hand auf seinen Pistolenknauf, der reizende Junge geht vor mir hinab. Der Polizist fragte ihn, ob er Hubbart sei, nahm in mit.

Fahrt mit der Taxe zum Hotel Argonaut, in dem ich (laut Reiseweg) noch einmal übernachten werde, bevor ich nach San Francisco weiterfahre. Ich fragte den Taxichauffeur nach den Besonderheiten von Denver, er sagte: das Klima, die Hauptstraße und *Colorado State Capitol*, dessen Kuppel mit Blattgold verziert ist, das 90 000 Dollar gekostet hat. Ich schlenderte später die Hauptstraße entlang: Sie besteht fast ausschließlich aus Snack-Bars, Imbißstuben, Restaurants, Bars, Lounges. Ich aß ein herrlich aromatisches Steak mit einer widerlichen Kartoffel, die sehr mit Paprika bestreut war. Draußen auf der Straße, an der Bushaltestelle, ein Mädchen in kardinalsroten engen Hosen mit kanariengelber Bluse; sie nahm einen dümmlich aussehenden, sehr großgewachsenen Burschen mit Lederjacke an die Hand, drehte ihn, stieß mit ihrem kleinen festen Hintern an seinen Hintern, stieß sich ab, knickte vorne ein, warf den Kopf zurück, drehte sich wieder um, stieß ihren Hintern gegen seinen Hintern – dann kam der Bus. Früh auf mein Zimmer, da ich morgen früh um fünf Uhr aufstehen muß: mein Flugzeug nach Laramie verläßt Denver um 6:30 Uhr.

Denver / Laramie, 2. November

Bei Sonnenaufgang Flug am Fuße der Rocky Mountains über gelbe Prärie, riesige Vieh- und Schafherden unter uns. Manchmal hatte das Land einen roten Schimmer; ein trockenes Flußbett; Faltengebirge; kahle Hügel, Abdrücke scheinbar riesiger Eichenblätter auf der Erde: Wyoming ist eine geologische Schatzkammer. Wir machen eine Zwischenlandung in Cheyenne, der größten Stadt Wyomings, 30 000 Einwohner. Nur wenige Leute, übernächtigt, wortlos, sitzen im zweimotorigen Flugzeug der Frontier-Airlines. Cheyenne hat seinen Namen von dem berühmten Indianerstamm, der den Besatzungen von Fort Laramie manchen Kampf lieferte. Nach kurzer Pause Weiterflug nach Laramie, 15 000 Einwohner, Staatsuniversität. Ich bin der einzige Passagier, der auf dem kleinen Flugplatz aussteigt; eine Nachricht von Professor Hardy liegt für mich bereit. Nach einer halben Stunde holt mich die konfus-freundliche Mrs. Hardy mit dem Wagen ab, ein riesiger Straßenkreuzer der Universität Wyoming. Sie sagt: »Bitteschön, es ist vollgetankt, Sie können fahren, wohin Sie wollen, der Wagen gehört Ihnen, solange Sie hier sind.« Ich sage: »Ich habe keinen amerikanischen Führerschein.«

Sie: »Daran hat keiner von uns gedacht – aber macht das was?« Sie brachte mich zum Hotel Connor, Männer mit schmalen Hüften, breiten Hüten, Cowboystiefeln in der Lobby.

Keine Gespräche zwischen ihnen. Sie sitzen da, stehen da, einige schlafen, einige dösen oder denken. Sie schauen mich kaum an, als ich hereinkomme. An den Wänden riesige vergilbte Gemälde von reitenden Indianern, reitende Kolonisten, Lagerfeuerszenen inmitten einer Wagenburg. An einer Wand eine Sammlung von Indianermasken, Waffen, Flinten, Revolvern. Ich bringe mein Gepäck hinauf und gehe zur Universität, durch Straßen, in denen sehr geräumige, sogar schmuckvolle Einfamilienhäuser stehen. Es ist sehr warm. In der Universität Führung über den Campus, Mrs. Hardy erklärt und zeigt mir die einzelnen Fakultäten; alle Gebäude sind vergleichsweise neu, aus staubbraunen Quadern erbaut, die an Gebäude in Vorderasien erinnern (Kabul) oder an römischen Stein, an die Tränke des Wissens. Im Hintergrund die gelben Hänge der Prärie und die Schatten der Berge. Mittags werde ich von einigen Professoren zum Dinner eingeladen, wir fahren in die Prärie hinaus, eine lange Staubfahne hinter uns, plötzlich ein Autofriedhof, eine Tankstelle und im Hinterraum der Tankstelle ein gediegener Eßraum. Ein Tisch ist für uns gedeckt. Die Professoren sehen alle sehr gut aus, sehen auch sehr jung aus, und ich bin (immer noch) ungeheuer erstaunt, wenn einer von ihnen sagt: mein Sohn studiert an der Sorbonne, in Yale oder Harvard. Angeregtes Tischgespräch über die Verlegenheit, mit der Amerika sich in der Führerrolle der westlichen Welt sieht; über die möglichen

Funktionen der Literatur in einer Welt, die von Materialismus beherrscht wird. Man ist sehr liebenswürdig, sehr hilfsbereit gegenüber dem Besucher aus Deutschland, empfindet jedoch auch keine reine Freude bei dem Gedanken an den deutschen Alliierten, Unsicherheit ihm gegenüber wird zugegeben, ein gewisses Mißtrauen.

Nach dem Mittagessen lädt mich ein Professor ein, mit ihm nach Cheyenne zu fahren, er muß dort zum Arzt (70 Meilen). Ein amerikanischer Professor (Clough) hört das und bietet sich an mitzufahren, um mir in der Wartezeit das Kolonialmuseum zu zeigen. Vor dem Vedauwoo-Nationalpark steht, über sardisch anmutender Hochebene, eine sehr große Statue von Abraham Lincoln: Mit traurigem leidendem Blick sieht er vom Highway über das Land. Kurze Einfahrt in den Vedauwoo-Nationalpark; riesige Felsblöcke, Tricks mit der Schwerkraft, die die Natur hier demonstriert. Überall Feuerstellen und Holzbalken, die als Bänke dienen. Neben dem Highway, in weglosem Präriegebiet, eine Abschußbase für interkontinentale Raketen; alles ist unterirdisch. Wir fahren nach Cheyenne hinein, überall Reklamen, die jede Stadt hier bezeichnen. Das Museum enthält indianischen Schmuck, Waffen, Kleidung, Zierrat, enthält auch einige Gemälde; ich werde den unterlaufenden Blick vom »Poker Jim« nicht los. Außerdem enthält das Museum Hausrat und Waffen der Kolonisten, ein erstes Klavier, eine zerschossene amerikanische Flagge, Gerät. Clough erzählte mir, daß unter seinen Studenten immer noch eine gewisse Begeisterung für die ersten Banditen besteht, für die großen schnell schießenden Gangster wie *Billy the Kid*.

Rückfahrt in früh einsetzender Dunkelheit, auf dem Highway überfahrene Skunks und Kaninchen. Im Hotel angekommen, ruft bereits Mrs. Cartwell an, ein bebrilltes aktives herrschgewohntes Weib (sie ist Studentenmutter), die mich zu einer Ranch zum Abendessen hinausfährt. Otto Lembcke und seine Frau haben in der Zeitung von meinem Aufenthalt gelesen und mich zum Abendessen eingeladen. Otto Lembcke stammt aus Schleswig-Holstein, ist seit 1922 im Lande und besitzt 4000 Hektar (oder Morgen) Land, auf denen er bis zu 7000 Schafe zieht. Ein harter Job, ein hartes Land, die Bedingungen des Winters fordern ihm so viel ab, daß er sich künftig zurückziehen wird in sonnige Gefilde, nach New Mexico oder Florida. Das Abendessen bestand aus Hammelbein, Preiselbeeren, Kartoffelpüree, Quellwasser, kalifornischem Wein, Erdbeerkuchen (*strawberry pie*) und Kaffee. Nach dem Essen fuhren wir alle in die Stadt zurück, zu einem Vortrag in der Rancher-Genossenschaft. Sehr private, sehr intime und freisinnige Diskussion: ein Redner berichtete von seinen Erfahrungen, die er auf einer Reise gemacht hatte: die Großschlachter verdienen nur ¼ Cent am Pfund Fleisch, tragen jedes Risiko, darum sollten sie, die Rancher, nicht nur ihre Gegner in den Großschlachtern sehen. Anschließend gab es Kaffee und Brote. Ich war so müde, daß ich kaum ein Wort sagen konnte, als ich offiziell begrüßt wurde und offiziell antworten mußte. Müdigkeit hatte mich völlig gelähmt. Es war bereits halb elf, als mich Mrs. Cartwell mit Mrs. Olsen bekanntmachte, die 35 Meilen von Laramie entfernt eine Ranch betreibt. Ihr Mann hatte mich für eine Nacht und einen Tag eingeladen. Nachtfahrt hinaus. Begrüßung des Mannes, Harry

Olsen, der bereits im Bett lag, verlegen lachte, freimütig furzte, als ich ihn begrüßte. Ich wusste nicht, wo ich war, nur die Rufe des Viehs drangen von weit her zu mir. Neben dem Aufgang zu meinem Zimmer ein Gewehrständer mit verschiedenen Büchsen, alle geladen. Ich verabschiedete mich, fiel in halbe Bewußtlosigkeit, sobald ich mein Bett erreicht hatte.

Laramie – Centennial (Ranch), 3. November

Merkwürdig, daß ich die überwältigende Landschaft zu kennen glaubte, die ich beim Erwachen aus dem Fenster erblickte: ein langes, gelbbraunes, friedliches Tal, die blauen Berge der Rocky Mountains, die Schreie des Viehs in der Ferne. Ich ging nach unten, der Rancher war (um 7 Uhr) schon unterwegs; aus der Küche kam der von Wolfe beschriebene Geruch von brühheißem Kaffee und Pfannkuchen. Ich machte auf nüchternen Magen einen kurzen Spaziergang. Die Sonne schien, der Talboden schien zu flammen, doch es war empfindlich kühl. Ich lernte Parry kennen, den Sohn von Frau Olsen: hageres, hartes Gesicht, jung, blauäugig, sehr schmal, hohe Hüften, in Reitstiefeln und mit breitkrempigem Hut und Halstuch. So hätte er aus jedem Western steigen können. Wir tranken eine Tasse Kaffee zusammen, dann ging es hinauf, wir trieben Vieh auf einen Transporter, der zur Ranch gekommen war (kranke, verwundete, einäugige Tiere). Danach Frühstück: Juice, Kaffee, Pfannkuchen mit Sirup, Eier mit Schinken. Harry lud ein, mit ihm zu fahren, zwanzig Meilen, zu einer Rampe in der Prärie, zu der Vieh aufgetrieben wurde. Die Rampe lag da in Sonnenglut, ganz verlassen, daneben fünf, sechs Eisenbahnwaggons. Plötzlich erschienen zwei Autos mit Viehhändlern, dann tauchten am Horizont Cowboys und eine Herde auf. Die Cowboys hatten vollkommene Manieren, begrüßten mich sehr höflich, nachdem sie das Vieh in die Gatter getrieben hatten. Harry Olsen als Brandmeister machte sich ans Werk, nach zwei Stunden hatte er die Tiere vom Pferd aus gezeichnet. Der famose wunderbare alte Mann sagte dann zu mir: So, Fred, jetzt habe ich zehn Dollar verdient, jetzt zeige ich dir das Land. Fahrt durch die Rocky Mountains, zwei Stunden lang zum Lake Marie; die zerfetzten Bäume, die eisblauen Seen, Bieber, Wasserratten, Wildgänse, Elche. Die Bergwälder, roter Fels. Wir tranken bäuchlings aus dem Lake Marie. Die Rückfahrt. Essen auf der Ranch mit zwei Familien: die alten Olsens und Parry mit drei Kindern und seiner Frau, einem Indianertyp: pechschwarzes Haar, klein, mit einem einzigen langen Zopf. Es gab Hirschsteak, Rehsteak, Kartoffeln, Kohl, Salat, Tomaten, Rosenkohl, dann Zitronenkuchen und Kaffee. Am Nachmittag – ich weiß nicht, ob mir zuliebe – begann das *branding*, das Zeichnen von Kälbern. Wir machten Feuer für die Eisen, die Tiere wurden aufgetrieben, von den Muttertieren gesondert. Laufgitter mit einer Preßfalle am Ende, die ich bediente. Das Gitter wird geschlossen. Ich preßte die Tiere zusammen. Die heißen Eisen zischten durchs Fell ins Fleisch. Die Schreie der Tiere und der Muttertiere, die aus knapper Entfernung alles beobachteten. Harry sägte die Hornspitzen ab, schmierte eine Tinktur auf. Parry wartete mit einem Lasso darauf, daß ich die Preßfalle öffnete. Ein Wurf, das Lasso umschlang ein Hinterbein, das Tier stürzte, Parry kniete auf ihm, ich zog die

Streckleine aus. Harry kastrierte. Das Blitzen des Messers, die Schreie der Tiere. Der Hund, zehn Katzen, die auf die Hoden warteten, beziehungsweise auf die Ohrzipfel, die Harry herausschnitt. Das kleine Mädchen (12 Jahre) und die beiden Jungen (8 und 9 Jahre), die die Hoden nahmen, sie wuschen, als Ball benutzten. Der Hund, der nach den hin- und herfliegenden Hoden sprang, sie erwischte und verschlang. Die Hoden werden auch als Delikatesse von vielen gebraten gegessen; man nennt sie *Rocky Mountain Oysters.*

Harry goß eine antiseptische Emulsion auf die Wunden, die Tiere wurden aufgerichtet, stürzten in wahnsinnigem Schmerz zu den Muttertieren. Der Hund Pitty verfolgte sie, als wollte er sie zerreißen, die Kälber keilten aus. *Branding* ist hier Gesetz. Einen starken kleinen Bullen konnte ich nicht halten, er riß sich los, die Leine verbrannte mir die Hände. Die kleine Indianerin, der ich meine Hände zeigte, blickte gleichgültig auf sie hinab, offenbar hatte ich versagt. Der Geruch von Blut über dem Platz, der Staub, das Feuer, die Tiere wurden immer unwilliger, zum Teil mußten wir sie in das Preßgitter hineindreschen. Endlich wurden sie abgetrieben, und die gebrannten und kastrierten Kälber trotteten hinter den Muttertieren her als sei nichts geschehen. Harry Olsen, dessen Vater als Holzarbeiter aus Schweden kam, hat mehrere Hundert Stück Vieh …

Bei Dunkelheit brausten wir nach Laramie zurück; Professor Hardy und seine Frau hatten für mich einen Empfang gegeben, zu dem viele Professoren mit Frauen, ein Schriftsteller und ein paar Honoratioren erschienen waren. Alle, die mit mir sprachen, sagten nach wenigen belanglosen Sätzen, daß sie mich nicht okkupieren wollten; als *guest of honour* mußte ich zirkulieren. Ich zirkulierte nicht, verzog mich in die Küche, wo alsbald ein großes Palaver über die Möglichkeiten des Schriftstellers begann, auf die Herausforderungen der Welt zu antworten. Ich ließ mich nicht von meiner Überzeugung abbringen, daß Schreiben vor allem verstehen heißt, oder doch verstehen lernen. Ich wurde viel gefragt: »Wie finden Sie Amerika?« Ich sage: »Ein Schriftsteller muß darauf schriftlich antworten.« Der horror vacui der amerikanischen Gesellschaft. Jeder bemüht sich, beliebt zu sein, Freundschaft zu erhalten. Todmüde, mit Übelkeit um 0:45 Uhr zu Bett gegangen. (Prof. Mike Beale, einer der sympathischsten und selbstkritischsten Männer, die ich bisher auf meiner Reise traf, äußerte während der zum Teil heftigen Debatte, daß ein Schriftsteller heute in seiner Arbeit sich dem Prinzip der wissenschaftlichen Forschung genähert habe. Ich bin der Meinung, daß ein Schriftsteller heute wissenschaftliche Kenntnisse haben müsse, wenn er in Übereinstimmung mit seiner Zeit leben will.) Seltsame Begegnung übrigens auf dieser Party: Die smarten Eltern der Gastgeber waren zum Geburtstag aus Kalifornien herübergekommen. Beide sind Schreiber, beide schreiben für das Fernsehen eine tägliche 15-Minuten-Sendung, die bereits seit fünf Jahren läuft. Das schriftstellernde Ehepaar, krampfhafte Jugendlichkeit im Gehabe, braucht zu dieser Arbeit etwa eine Stunde am Tag.

Laramie, 4. November

Nach ihrem frühen Kirchenbesuch traf ich im Hotel Otto und Frau Lembcke zum Frühstück. Mir ging es sehr miserabel, ich nahm zwei Tabletten. Lembckes luden mich zu einer Fahrt nach Colorado ein. Ich wollte das Land sehen, und so fuhr ich mit, obwohl ich gut daran getan hätte, mich hinzulegen. An roten Tafelgebirgen vorbei fuhren wir zum Roosevelt-Nationalpark, fuhren nach Estes, einer sehr *fashionablen* Sommersportstadt in den Bergen, wo man Zimmer für sechzig Dollar haben kann. Um diese Zeit war alles ausgestorben; – immerhin, das Thermometer stand auf 25°+. Über Fort Collins, Loveland – einem Gartengebiet, in dem herrliche Kirschen auf niedrigen, extra niedrigen Bäumen geerntet werden – fuhren wir in Richtung Denver, fuhren gut hundert Meilen, dann bogen wir ab auf staubige Sandstraßen, neben uns: morastiges Flußbett, schäbige Holzhütten von mexikanischen Landarbeitern. Immer wieder begegneten uns reitende weiße Kinder. Wir fanden endlich die Schafherde von Otto Lembcke, die hier, über hundert Meilen von seiner Ranch entfernt, von einem alten schwerhörigen Schäfer beaufsichtigt wurde. Der Schäfer lebt in einer kleinen fahrbaren sehr primitiven Hütte, zwei Hunde davor. Wir bringen ihm Wasser und eine Wanne und fahren wieder den Weg zurück. Mit mir sind noch Mr. und Mrs. Gilbert im Auto, sie genießen den Ausflug, überhaupt scheinen viele Amerikaner eine Fahrt über Hunderte von Meilen genießen zu können. Ein altes Fort mitten auf der Straße, es mutet wie ein Spielzeug an, von Kindern gebaut, und doch haben seine Mauern Schutz geboten, Leben bewahrt, war es ein Ziel verzweifelter Sehnsucht. Neben der Straße liegen riesige Berge von Zuckerrüben. Bei der kleinen Stadt Eaton biegen wir ab, ein scharfer Geruch macht sich bemerkbar, dringt ins Auto: Wir besuchen einen der größten Futterplätze des Landes, auf dem 40 000 Stück Vieh vor dem Weg zum Schlachthof gefüttert werden. Wir fahren schneller zurück; es soll zum Abendbrot Hühnchen geben; Frau Lembcke hat den elektrischen Ofen eingestellt, der selbsttätig um 17:15 Uhr zu backen beginnen wird. Der Highway scheint in einem Urstromtal dahinzulaufen. Überall Anzeigentafeln, auf denen zum Forellenfischen eingeladen wird. Sommerhäuser in den Bergen, die sehr an Norwegen erinnern. Nach wohlschmeckendem Abendessen Heimfahrt zum Hotel, wo für mich schon wieder eine Einladung bereitliegt: zum Kammerkonzert. Ich melde mich nicht mehr; ich gehe ins Bett. (Acht Stunden im Auto verbracht, mit einer Unterbrechung von einer viertel Stunde; wir aßen mittags geschmacklose Hamburger in einem *Drive-Inn*, tranken dazu Kaffee.)

Laramie / Denver, 5. November

Endlich einmal ausgeschlafen: erst um 9:45 Uhr holte mich Mrs. Cartwell im Hotel ab und fuhr mich zur Universität, wo Prof. Senior mich seinen Studenten vorstellte. Diskussion über Möglichkeiten und Unmöglichkeiten der Literatur. Eine bemerkenswerte Müdigkeit ist unter den Studenten festzustellen, sofern es die Absurdität der Welt betrifft. Was sie von der Literatur erwarten, sind: Engagement, Entscheidungen, Proteste, Stellungnahmen. Man glaubt hier nicht mehr dem unverbindlichen Rätselspiel. Ich bat die Studenten, mir den Begriff »Weltliteratur« zu analysieren; – die Antworten waren zufriedenstellend; (das, was man zur Not auch »ohne Übersetzung« einsehen kann). Ich bat sie, mir *das* Buch zu beschreiben, das sie in der gegenwärtigen Literatur schmerzlich vermißten: Die Frage amüsierte sie, gleichzeitig jedoch witterten sie die Falle, die ich geöffnet hatte. Es war eine sehr kurzweilige Stunde; ich hatte den Eindruck, die Studenten waren sehr zufrieden. Abschied von Hardy, Mike usw. Ich ging zum Hotel zurück, mit den Gedichten, die Mr. Hull mir gegeben hatte. Beim Packen ging das Telefon: Mr. Ernst R. Schierz, ein emeritierter Professor (Chemie) der Milwaukee-

Deutscher ist, hatte von meinem Aufenthalt gehört und bot sich an, mir Gesellschaft zu leisten und mich schließlich auf den Flugplatz hinauszufahren. (Mrs. Hardy sagte mir zum Abschied: »Wenn Sie über Amerika schreiben, schreiben Sie freundlich über die Amerikaner.«) Schierz und ich aßen zusammen, er ließ mich zahlen, dann erzählte er mir in meinem Zimmer tutig von seiner Europareise. Bei aller Treuherzigkeit: kalte listige Greisenaugen, sehr wach.

Am frühen Nachmittag fuhr er mich zum Flugplatz hinaus, wartete, bis die Maschine landete und ich abgeflogen war. – Von den Rockies wehte ein heftiger Wind, die zweimotorige Maschine der Frontier-Airlines (eine der kleinen Gesellschaften, die die Nord-Süd-Route befliegt – im Gegensatz zu den großen, die den Ost-West-Service bestreiten –) schüttelte sich, sackte durch, zog heftig hoch: Wir waren dreizehn Passagiere. Zwei feiste brutale Männer mit nassen Lippen, Sonnenbrillen, behaarten Gelenken; sie sahen wie Gangsterbosse aus; sie frotzelten die Stewardess. Zwischenlandung in Cheyenne, dann endgültig glückliche Landung in Denver. (Frontier soll noch nie ein nennenswertes Unglück gehabt haben.) Im Hotel Argonaut lag ein Willkommensgruß für mich … falls ich Hilfe brauchte etc. Da die Hälfte der Reise vorbei war und ich durch die Einladungen einige Dollars gespart hatte, war ich leichtfertig und ließ mir ein Dinner aufs Zimmer kommen: Forelle (gebacken) aus den Rocky Mountains mit kalifornischem Weißwein. Der Wein (½ Flasche 1,75 Dollar) war sauer, die Forelle leidlich (3,50 Dollar), der Kaffee gut und der servierende junge Neandertaler eine Zumutung: Dieser stirnlose *tough guy* brachte es fertig, kein einziges Wort zu sagen, weder auf meinen Gruß zu antworten, noch sich für das Trinkgeld zu bedanken. Ich versicherte mich, daß der *California Zephyr* zur festgesetzten Zeit abfährt, las von der Welle von Verbrechen, die am Wochenende über Denver hinging (Raub, Taxi-Raub, Vergewaltigung) und ging früh zu Bett.

Denver / San Francisco, 6. November

Um 8:40 Uhr fuhr ich zum Hauptbahnhof von Denver, um mit dem *California Zephyr* nach San Francisco aufzubrechen, dem weitesten Punkt meiner Reise. Der Zug war bereits eingelaufen, ich habe das Roomette No. 2, d. h. ein technisch vollkommen abgeschlossenes und unabhängiges Zimmerchen für mich, erster Klasse. Radio, Toilette, Schrank, Waschbekken, fließendes Eistrinkwasser, Bett, *Air Conditioning*. Das Fenster ist in diesen mit Aussichtsturm bewaffneten Pullmann-Cars nicht zu öffnen. Im Zug sind: Speisewagen, Rauchsalon, Buffet. Die Stewardess wird *Zephyrette* genannt, warmes Säuselwindchen: nun ja. Sie ist ein gutgewachsenes, träges junges Mädchen mit silberblauem Haar. In meinem Wagen sind nur zwei Roomettes besetzt – zwei von vierzehn –, alle anderen stehen leer: Amerika reist heute mit dem Flugzeug. Pünktlich verlässt der Zug Denver, Colorado; unser *Zephyrettchen* spricht über das Mikrophon zu jedem Passagier. Sie sagt: »Wir laden Sie zu einem Traum ein.« Sie macht eine Pause und fährt fort: »Wir laden Sie ein, den Traum von Mr. Moffat zu wiederholen, dank dessen Initiative diese spektakuläre Eisenbahnstrecke über die Rocky Mountains möglich wurde. Wir werden sechsundvierzig Tunnel durchqueren, darunter den Moffat-Tunnel, der 6,2 Meilen lang ist!«, etc.[1]

Der Zug steigt langsam die gelben Höhen hinauf, abgesprengtes Gestein, mit Staub überzogen. Die Ebene von Colorado bleibt zurück. An Schluchten vorbei, zerschmetterte Teile von alten Holzbrücken, Flußläufe, in denen vom Zug aus die Schatten von Forellen zu erkennen sind. Kleine Stationen, ein paar Holzhäuser, Ausrüstungsgeschäfte für Angler und Jäger. Auch hier Autofriedhöfe. Wir passieren eine Reihe von hochgelegenen Ranchen. Die Stationen heißen Granby oder Rifle, Glennwood Springs (der Welt größte Warmwasserquellen), Grand Valley oder De-Beque-Palisade.

Neben den Gleisen läuft der Colorado River, er begleitet uns 238 Meilen durch Canyons und Hochtäler auf denen Pferde, Vieh und Schafe gehalten werden. Riesige Apfelplantagen. Beim Übergang nach Utah: der rote verwaschene Fels. Die bizarren Stümpfe, geschabten ausgehöhlten Wände. Eine Trailerstadt; mitten in der Steinwüste ein alter Küchenherd. Ein Geier, eine Kette von Baggern und Raupenfahrzeugen und immer wieder graue Krusten von Salz, die wie schmutziger Schnee über dem toten Land liegen. Wir sind unterwegs nach Salt Lake City. Ich gehe in den *Vista-Dome* hinauf, der beinahe freien Glaskuppel[2]. Niemand ist hier. Die Dämmerung fällt rasch über die Wüste von Utah. Dann und wann zwei Autoscheinwerfer am Horizont; lange keine Station, kein Haus. Unter dem *Vista-Dome* ist ein Buffet, in dem es relativ billiges Essen gibt (im Vergleich zum *Dining Car*): für 1,25 Dollar esse ich Toast mit Hühnchen, Tee. Hoffentlich werde ich mit der technischen Apparatur fertig, die gehandhabt sein will, wenn ich mein Bett aus der Wand klappen, den Sessel verschwinden lassen soll. *Air Conditioning* erweist sich als sehr angenehm. Der erste Tag der Zugreise ist wie »im Fluge« vergangen.

1 Nach David Halliday Moffat (1839–1911), einem amerikanischen Bankier und Industriellen, der den Eisenbahnbau förderte.

2 Der *California Zephyr* hatte in manchen Waggons höhergelegene Abteile mit Glaskuppeln. Mit diesen sog. *Vista-Domes* machte der Betreiber sehr viel Werbung.

Denver / San Francisco, 7. November

Zwölf Stunden im Zugbett zugebracht, teils geruht, teils ge-
schlafen, jedenfalls erfrischt und ausgeruht aufgestanden. Es
gelang mir nach einiger Mühe, das Bett in die Wand zu klappen, ohne eingeklemmt zu werden. Eine überraschende Ent-
deckung waren meine geputzten Schuhe. Wer hatte das gemacht? Wie waren die Schuhe aus dem verriegelten Abteil
gekommen? Nach kräftigem Frühstück (Omelette mit Schinken, Fruchtsaft, Marmelade, Kaffee) wieder auf Ausgucks-
posten: der *California Zephyr* durchquert Nevada und nähert
sich Kalifornien. Blauer Himmel, Radiomusik. Der größte
Teil der Reise (Chicago – San Francisco, 2532 Meilen) liegt
hinter uns, wir erreichen den Feather River Canyon in der
Sierra Nevada. Hier wurden im Jahre 1849 harte Auseinandersetzungen zwischen Goldsuchern ausgetragen; ein herr-
liches wildes Flußgebiet, man erkennt die Reste alter primiti-
ver Behausungen – welche Hoffnungen zerfielen mit ihnen?
Das Wasser des Flusses spiegelt die Farben des Canyons. Ein
hockender Mann am Wasser, ein Zeltdach – ein später Gold-
gräber? Während des Goldrauschs wurden im Feather River
für über 23 Millionen Dollar Gold gefunden (der Ortsname

Rich Bar erinnert noch daran). Am westlichen Eingang zum Feather River Canyon liegt Oroville, *Gold City*. Die Berge hören auf, grünes bewässertes Land, sanfte Hügel, die den Conquistadoren, Trappern und Entdeckern wie das Land der Verheißung erschienen sein mußten. In den Gärten die ersten Palmen, im Schatten der Bäume ruhende Tramps, braungebrannt, vor kleinen Feuern, auf denen Konservendosen stehen.

Lindgrüner Grasteppich, kilometerlange Obsthaine (Pfirsiche, Feigen, Äpfel). Fruchtbares Sumpfgebiet, Wasserhühner, eine schwimmende Schlange. Immer wieder Schwärme von Elstern. Schilder, die vor verbotener Jagd warnen, sind von Kugeln der Enttäuschung zerfetzt. Ein Schwarm von Hunden im Halbkreis wie bei einer Beratung. Plötzlich laufen sie aufs Feld. Trailer und schäbige Hütten neben dem Bahndamm; schwarzweißes Vieh. Um 12:10 Uhr kurzer Stop in Sacramento, der berühmten Goldgräberstadt, die 1839 gegründet wurde. Bahnhofsgebäude in pseudomaurischem Stil, Palmen in den Straßen, im Schatten auf den Absätzen hockende Männer; indianische Gesichter, Filipino-Gesichter. Vorstädte von Oakland, der Endstation, beginnen; überall weggeworfene Autos, weggeworfene Maschinen, Geräte, Hölzer, halbe Fabriken: dies Land scheint so reich zu sein, daß es alles (vor allem Essen) wegwirft, was nicht mehr brandneu ist. Kleine Holzhäuser, zerbrochene Fenster, auf einigen Türen kräftige obszöne Zeichnungen. Immer wieder habe ich das Gefühl, daß der Amerikaner da, wo er ist, nur vorläufig ist; diese unwillkürlich eingestandene Vorläufigkeit drückt sich nicht nur in den Holzhäusern und der Mobilität aus, sondern in der Anordnung des Gemeinwesens. Oakland ist erreicht; 15:10 Uhr. Es führt keine Eisenbahnlinie nach San Francisco hinüber, darum steigen wir in einen Bus um. Zwei schwarze Gentlemen fahren im Straßenkreuzer vor, tragen unsere Koffer vom Zug zum Bus – sie sind Kofferträger – und wir fahren über die San Francisco-Oakland Bay Bridge in die gelobte Stadt hinein. Vom Bus aus: viele Rassen und Gesichter. Ich wohne im Hotel Canterbury. Mein Friseur ist ein Schulfreund von Saroyan[1]. Der Kellner im *Coffee Shop* ist Direktor einer Theaterschule. Als er erfährt, woher ich komme, lädt er mich ein. Er heißt Larry Bedini[2]. *Just for hospitality.*

---

[1] William Saroyan (1908–1981), amerikanischer Autor von Drehbüchern, Theaterstücken und Geschichten mit armenischen Wurzeln.

[2] Larry Bedini (1932–2010), Schauspieler, Sänger und mit dem *Bedini Theatre Project* auch Bühnenproduzent in San Francisco.

San Francisco, 8. November

Mein Zimmer hat einen Fernseher, Radio, Telephon, eigenes Bad; es kostet sieben Dollar. Der übliche Brief wird mir gegeben: freundliches Willkommen, Stadtplan, Aufforderung, mich im internationalen Empfangszentrum zu melden. Ich laufe die steilen Straßenhügel hinab, der Geruch von Kaffee und Pfannkuchen und gebratenem Speck dringt aus den hundert Eß-Bars. Mr. Dicky ist mein *Program Officer*, ein gemütlicher junger Mann, der gut deutsch spricht. Es ist sehr heiß in seinem Büro, dazu feucht, wir trinken viele Becher Eiswasser. Viele Tramps in den Straßen, sehr dreist; sie haben bereits ihr Winterquartier gewählt. Es scheint alles ein wenig teurer zu sein als an der Ostküste. Mittags Verabredung im *Hospitality Center*, wo mich eine freundliche Dame im Thunderbird erwartet. Sie fährt mich durch San Francisco (mit mir: eine französische Journalistin und eine unausstehliche Engländerin). Wir fahren durch Chinatown, die lustigen Namen, etwa: *Li Huan-Supermarket*. Keiner der älteren Chinesen spricht Englisch. Sie haben es nicht nötig, leben ganz unter sich. Fahrt durch die Villengegend der ehemals sehr Reichen; viele der Villen sind weggegeben als Schenkungen an Kirchen und an die Stadt, da niemand das Personal bekommen kann. Außerdem spart es Steuern. Fahrt hinab zur Golden Gate Bridge; der Erbauer heißt Strauß. (Witz mit dem Namen des Verteidigungsministers.) Über die Brücke (es kostet jedes Mal 25 Cent) und dann in eine vulkanisch anmutende Landschaft zum *Muir Woods National Monument*; Redwoods. Hier wächst die *Sequoia gigantea*, ein Baum, der über dreitausend Jahre alt wird. Die ungewöhnliche Kühle. Die Bäume wachsen in Familien; sind etwa 100 Meter (300 Fuß) hoch. Besuch des Touristenzentrums, wo Artikel aus Redwood verkauft werden – vom Salzfaß über Mörser bis zum Lampengestell. Außerordentlich schönes Panorama der Stadt bei der Rückfahrt. Für 3,50 Dollar kann man mit Wasserflugzeugen die Küste abfliegen. Die eleganten Geschäfte am Union Square, in der Nähe Fred Astaires Tanzschule. Der Haß der Leute von San Francisco auf Los Angeles.

18.30 Uhr holte mich Larry Bedini in seinem alten VW ab, um mir Gelegenheit zu geben, an seinem Theaterabendkurs teilzunehmen. Das Publikum: von der mit Juwelen bewaffneten Greisin bis zum männlichen Kraftbolzen, der mit geballten Fäusten dasitzt. Imaginationsübungen: Jeder muß ein einziges Wort so aussprechen, daß eine Situation deutlich wird. Larry ist ein ehrlicher, bescheidener, geduldiger Sokrates des Theaters. (Ich ging zu ihm, obwohl mich der Deutsche Kulturattaché Dr. Sommer zu einem Empfang für Maximillian Schell[1] einlud.) Eine Stunde der Hoffnung; sehr häßliche, unbegabte Frauen, die schwindsüchtige Kettenraucherin, die entenschnutige Pute. In der Pause sagte mir eine tragisch häßliche Frau: »Alles hängt davon ab, dass man entdeckt wird.« Insgesamt waren 17 »Schüler« anwesend. Larry war sehr zufrieden. Nach der Stunde gingen wir noch um Mitternacht in ein italienisches Lokal, tranken dort Rotwein, aßen Spaghetti mit Tomatensauce. Wir sahen zahlreiche betrunkene Frauen und betrunkene Männer. Im Taxi zum Hotel.

---

1 Maximilian Schell ist wegen der Amerikapremiere seines *Hamlet*-Films in San Francisco. Vgl. auch den Eintrag vom 13. November.

San Francisco, 9. November

Mit schweren Kopfschmerzen aufgewacht: das Wetter hat
sich geändert; es ist nebelig, es regnet. Ich gehe zu Mr. Dicky
ins *State Department*; wir trinken Eiswasser, er gibt mir neue
Termine. Bummel durch die Straßen von San Francisco: die
Gesichter vieler Rassen, sehr viele schöne Menschen. An
der Geary Street wurde ein Tramp überfahren; blutüberströmt
liegt er auf der Straße, saugt an einer Zigarette, lacht plötzlich, und hinter mir sagt ein Mann: »Bald wird er wohlhabend
sein, die Versicherung wird ihm einen Vergleich anbieten.«
Mittags lud mich der deutsche Kulturattaché Dr. Erich Sommer zum Essen in den Presseclub ein; ein sehr netter geschwätziger Balte, offenbar anders, sehr kultiviert, das Haar
wie Peter Jellino gekämmt. Er erzählte natürlich aus Rußland,
von seinen Erfahrungen mit Russen, besonders auch auf
internationalen Veranstaltungen. Er ist ein sehr beschäftigter
Mann, überhaupt ist das Leben eines Diplomaten wenig be-
neidenswert. Sommer und ich waren die letzten Gäste im feu-
dalen Presseclub, in dem an der Wand Bilder erlauchter Gäste
hingen; darunter Eisenhower und das griechische Königs-
paar. Wir tranken eine große Flasche kalifornischen Wein,

aßen Tiefseeschollen und Erdbeertorte; so viel hatte ich auf meiner ganzen Reise noch nicht gegessen. Sommer erzählte mir, daß er Günter Eich[1] erwarte, der von deutschen Stellen eingeladen wurde. Am Nachmittag zu Mr. Herbert Blau, dem Direktor vom *Actor's Workshop*, einer der berühmtesten Theatertruppen der USA. Er empfing mich sehr liebenswürdig, hatte von meinem Stück auf einer Deutschlandreise gehört.[2] Obwohl er müde war, aus den Proben zu *Galileo* kam, lud er mich zum Essen ein, und er erzählte mir mit einer Art ironischer Verzagtheit von seinen Schwierigkeiten und den Schwierigkeiten des Künstlers in diesem Land überhaupt. Obzwar im Gebiet von San Francisco über drei Millionen Menschen wohnen, gibt es eigentlich nur zwei Theater, und die haben sehr zu kämpfen. *Actor's Workshop* hat nur etwa 3000 Abonnenten. Die Schauspieler haben entweder Wochenkontrakt oder werden pro Vorstellung bezahlt. (Im Durchschnitt erhält hier ein Schauspieler 85 Dollar pro Woche.) Herbert Blau gab als Grund der Theaterfremdheit eine gewisse Traditionslosigkeit an: Als er *Mutter Courage* vor sieben Jahren herausbrachte, stieß er nicht nur beim Publikum, sondern auch bei der Kritik auf vollkommenes Unverständnis. Ein Stück wie *Woyzeck* hier auf die Bühne bringen zu wollen, hieße wirklich, das Theater zu ruinieren. Die *Ford Foundation* hat ihm über 100 000 Dollar zur Verfügung gestellt. Am Abend war Premiere; ein, wie H. Blau sagte, »Zugeständnis ans amerikanische Publikum«: *Die Glasmenagerie* von Tennessee Williams. Er lud mich ein, und ich sah eine ganz wundervolle Aufführung dieses Stücks, bei dem die Tragik nur sehr wenig angedeutet, in keinem Fall ausgespielt wurde wie in anderen Versionen, die ich gesehen hatte. Nach dem Theater Fußmarsch nach Hause; zwei Männer immer dicht hinter mir, sprachen amerikanischen Slang, manchmal waren sie so dicht, daß ich schon die Hände aus den Taschen nahm. Vor meinem Hotel verschwanden sie. Ich war sehr glücklich nach diesem Theatererlebnis; die englische Sprache hatte sich mir irgendwie auf der Bühne geöffnet, und ich konnte spüren, über welch eine poetische Kraft Williams verfügt.

1 Siegfried Lenz kannte Günter Eich (1907–1972) persönlich von den Begegnungen der Gruppe 47 seit den frühen Fünfziger Jahren.

2 Gustaf Gründgens hatte Lenz' vielbeachtetes Theaterstück *Zeit der Schuldlosen* am 19. September 1961 unter der Regie von Peter Gorski uraufgeführt. Basis des Stücks war das gleichnamige Hörspiel von SWF/NDR aus dem Jahr 1960.

San Francisco, 10. November.

Endlich einmal ausgeschlafen; die Sonne schien, es war wieder ein herrlicher Sommertag. Larry Bedini, einer der empfindlichsten, warmherzigsten, großzügigsten Menschen, die ich auf dieser Reise kennenlernte, lud mich zu Proben in seinem Theater ein und holte mich ab. Ich sah, was ich bisher nur gehört hatte: Den Starwahn amerikanischer Schauspielerinnen – obzwar diese beiden nicht einmal als Mittelklasse bezeichnet werden konnten. Weinen, Wutausbruch, den Schoß der Regression aufsuchend: All diese Reaktionen liegen dicht beieinander. Ich war erstaunt über die geschickte Psychologie, die Larry aufbrachte, um die Weiber bei der Arbeit zu halten. Nach den Proben lud ich ihn zum Essen ein, wir gingen in einen *Drug*, wo wir Rippen aßen und Apfelkuchen und dann noch einige Stunden saßen und über Amerika und die Amerikaner sprachen. Larry sagte mir: Wir können nicht leben, ohne den Präsidenten zu kritisieren, aber kein Fremder soll es wagen, es uns gleichzutun. Am Nachmittag ins Hotel; dann Einladung von Vern Dicky, einem pausbäckigen, Basedow-Kaninchen zum Abendessen, vorher zum Stadtbummel. Wir fuhren mit der *Cable Car* die steilen Stadthügel hinauf, es kostet 15 Cent. Der Schwarze als Bremsmeister in dem alten überfüllten, nur aus falschem Traditionsgefühl erhaltenen Gefährt. Vern Dicky machte auf mich im ersten Augenblick den Eindruck eines Schriftstellers; als ich es ihm sagte, gestand er, daß er an einem Roman über die drei unbekannten Soldaten des Ersten und Zweiten Weltkrieges, und des Koreakrieges arbeite. Wir tranken einen Whisky, dann weiter zur Fisherman's Wharf. Am Hafen eine preiswerte Touristenattraktion in der Schnellzeichner Porträts anfertigen, Muscheln und Schildkröten verkauft werden, gutangezogene Leute Meeresgetier essen.

DiMaggio, der Baseballspieler, Marylin Monroes[1] zweiter Mann, hat all seine Dollars in einem Restaurant angelegt. Nach einem bescheidenen Bummel gingen auch wir essen, Teufelskralle und Lachs, plauderten ein wenig über die Schwierigkeiten des Schreibens, dann brachte mich mein *Program Officer* ins Hotel zurück. Larry, der als Kellner arbeitet, lud uns in die Bar ein, spendierte jedem drei Whisky. Der ungewöhnliche Geiz von Dicky: Er legte zwei Dollar hin, ich sah ihn mit sich ringen, dann nahm er einen Dollar zurück. Großer Tanzabend im Hotel, viele betrunkene Männer, die von wachen bösen Weibern beobachtet wurden. Auch alte formlose scharfäugige Weiber hatten Glanzpunkte im Haar, weiches Dellen-Fleisch entblößt, rosa Wangen und glitzernde Wimpern und grüne Augenlider. Der Portier – ein Schwarzer mit Zylinder – ist ein ungewöhnlich freundlicher Mann. Durch Zufall hörte ich, daß er seine freien Abende damit verbringt, seine Fiedel zu spielen. Erstaunlich, wie viele Rassen sich allein im Hotel ein Stelldichein geben.

Für 25 Cent kann man durch riesige Ferngläser Alcatraz beobachten; bisher ist es nur einem Sträfling gelungen, zu entkommen – wahrscheinlich ertrank er.

---

1 Marylin Monroe war am 5. August 1962 in Los Angeles im Alter von 36 aus nie ganz geklärten Umständen gestorben. Die Ehe mit dem Baseballstar Joseph Paul »Joe« DiMaggio (1914–1999) wurde im Januar 1954 geschlossen und währte ganze neun Monate.

San Francisco, 11. November

Beim Sonntagsfrühstück im Hotel Schwarze, Filipinos, Chinesen, Japaner, Weiße. Ein Schwarzer geht hinaus; ich höre eine weiße Frau zu ihrem Mann wuterfüllt sagen: »Verstehst du das? Kannst du das begreifen?«, und der Mann antwortet resigniert: »Sicher, sicher, kann ich das begreifen.« Um 10 Uhr holen mich zwei Herren zu einem Spaziergang ab, der Kulturattaché Sommer und sein Vertreter Citron, der seit zehn Tagen Diplomat und in dieser Stadt ist, ein eifernder, strebsamer, stumpfgesichtiger Typ, der mir ganz und gar nicht liegt. Ein deutscher Beamter, der Korrektheit mit Tüchtigkeit, Eifer und Hochmut gegenüber den Fremden verbindet. Wir spazieren durch Chinatown, einige Geschäfte sind offen. Citron tritt, die Arme auf dem Rücken, in Gemüsegeschäfte und dunkle Buden und schaut halb belustigt, halb inspizierend hinein. Die älteren Chinesen sprechen nur ihre Sprache, die Kinder indes höre ich englisch sprechen. In dieser Stadt erscheinen chinesische, russische, italienische, deutsche Zeitungen. Sommer lädt mich in ein italienisches Lokal zum Mittagessen ein. Wir essen Fisch, über alle Maßen köstlich. Um 14 Uhr werde ich vor dem Hotel abgeholt; eine amerikanische Familie, die sich im *Hospitality Center* eingetragen hat, fährt mich spazieren, um mir die Stadt zu zeigen. Zwei Deutsche sind noch im Wagen, ein fetter, finsterer, kleinäugiger Sozialpädagoge aus Hessen und Riedel von der Freien Universität Berlin. Die Deutschen sind hier unterwegs, um das Schulsystem kennenzulernen. Der Fette hat ungewöhnlich viel auszusetzen, beschwört eine faschistische Gefahr herauf; Riedel hat ein unangenehmes nervöses Lachen. Rührende junge Gastgeber, die mir erzählen, daß die Stadt jährlich von einem obligaten, wenn auch schwachen Beben heimgesucht wird. Der Verkehr an der pazifischen Küstenstraße war so groß, daß wir nur Schritt fahren konnten; wunderbare Brandung, so mächtig, wie ich sie nie zuvor gesehen habe. Kapellen spielen in den Parks, halbwüchsige Mädchen fahren rauchend in Kreuzern spazieren. Zeitig ins Hotel, kurze Erholung; um 18:30 Uhr wurde ich von Mr. Jacob F. Schollkopf, *Bank of America*, zum Essen abgeholt. Er wohnt etwa 15 Meilen vor der Stadt, ist aus Zürich eingewandert, mit einer Holländerin verheiratet. Solange ich hier bin: Nie wurde ich so warmherzig empfangen wie in dieser Familie; man tat alles, um mich zu verwöhnen, ohne viel zu erwarten. Ein Geschäftsfreund war noch da (Bruno Richter, der von der Universität weg zur Bank engagiert wurde); später kamen noch einige Emigranten hinüber, feine erwartungsvolle Menschen; wir saßen bis nach Mitternacht, sprachen über Amerika und Deutschland. Die Amerikaner haben den hartnäckigen Wunsch, beliebt zu sein, beliebt unter Menschen; die Deutschen wollen von der Geschichte geliebt werden, und wann immer sie eine Niederlage erfahren, empfinden sie sich als

Stiefkinder der Geschichte. Der kilometerlange Stau von Autos, Rückkehrern, zur Golden Gate Bridge hinab, Nebel von Benzin puffte über der Straße. Nahezu alle Familien, die ich an diesem Abend kennenlernte, träumen von einer Rückkehr nach Europa. Allen setzt der *horror vacui* zu. (Die Depression war *das* Ereignis für eine bestimmte Generation; viel entscheidender und verwandelnder als beispielsweise die Kriege.)

San Francisco, 12. November

Es herrscht der mildeste angenehmste Sommer. Heute ist ein halber Feiertag, die öffentlichen Institute haben geschlossen.[1] Ich mache einen Spaziergang durch die Stadt, treffe viele Männer etwa von sechzig, die sehr verwahrlost sind: zerknitterte Jacketts, zerknitterte Binder, unrasiert: offenbar sind sie, sozial gesehen, am schlechtesten dran. Ein zwei Meter großer Schwarzer in sehr engen Hosen, Lederjacke, Ledermütze, Sonnenbrille; *jedes* Körperteil deutlich modelliert ... Mittags im Deutschen Generalkonsulat: Die Beamten sind deutsche Beamte, ein gewisser wohlbekannter Muff umgibt sie. Generalkonsul Breer empfängt, ein spröder geschwätziger Korpsstudent, ehemaliger Hamburger, Schmiß in der Fresse. Er beginnt sofort über Literatur zu sprechen, etwa: »Ich selbst komme nicht zum Lesen, allenfalls einmal im Flugzeug.« Seit sieben Jahren hat er ein einziges Buch gekauft, *Bonjour Tristesse*. Arrogant, kühl, rechthaberisch, machtvollkommen. Üble Vorzimmeratmosphäre; die Sekretärinnen stöhnten und knirschten mit den Zähnen. Mittagessen im internationalen Gebäude, elf Stockwerke hoch – man baut nicht allzu hoch hier, der Schock des Erdbebens ist unvergessen. Wunderbarer Rundblick auf die Stadt. Vor einer Mauer sind Reklamezeichner am Werk; sie malen die Welt, die Spitze Südamerikas. Schlechtes teures Kantinenessen, bemerkenswert aromalos. Verschiedene Telefonate im Hotel, Karten geschrieben; abends ruft Bruno Richter an und lädt mich in ein sehr feudales Restaurant in Chinatown ein. Mühsame Unterhaltung, sein Deutsch ist nach sieben Jahren erstaunlich dürftig geworden. Auch er möchte zurück. Er erzählt, was viele amerikanische Staaten mit der Dollarhilfe anstellen und mit Schiffsladungen voller Spenden: die Korruption und soziale Grausamkeit ist unvorstellbar. (Spenden werden fast immer verkauft; keine Gesellschaft macht angeblich Profit etc.) Mit Larry Besuch des bekannten Jazz Workshops; erlesenes Publikum, sehr elegante schwarze Herren, noch elegantere schwarze Damen, eine blonde schwarze Frau, Beatniks, Priester des Jazz. Der Beifall ist lasch, kommt aus einer Art Versunkenheit. Ich sah Schwarze mit weißen Mädchen, einen Chinesen mit einer Indianerin, einen Weißen mit einer ungewöhnlichen Mulattin. Die Musik war hervorragend, wenngleich die Akustik nicht sehr eindrucksvoll war. Draußen torkelt ein lachender Amerikaner auf mich zu, fragt: »Kommst du mit ins *Verwundete Auge*? Ich lade dich ein, aber du mußt mich hinführen.« Larry erzählte mir auf dem Heimweg von der amerikanischen Frau: Er und auch einige seiner Freunde möchten nie ein amerikanisches Mädchen heiraten. Er sagt: Die Amerikanerin ist ein *girl* auch mit siebzig; sie ist ein Kind mit einem Revolver. Der Austausch von Geschenken zu Weihnachten ist gespenstisch. Alles, was die Amerikanerin von ihrem Mann erwartet, ist ein Kind und soziale Sicherheit.

In Kalifornien behält nach einer Scheidung die Frau das Haus und erhält die Hälfte des Vermögens. Viele Frauen heiraten nur, um die Annehmlichkeiten der Scheidung zu erwerben. Zeitung: eine Blonde im Bomber, namenlos. Die erstaunlichsten Tricks, um auf sich aufmerksam zu machen. Polizeisirenen immer wieder zu hören. Die Verbrechen nehmen auch in dieser Stadt erschreckend zu. Große Müdigkeit, zu wenig Schlaf. Die Kuba-Krise flackert wieder auf: Amerika fordert, daß nun auch die russischen Bomber von der Insel zurückgezogen werden. Adenauer kommt nach Washington.

---

1 Gewöhnlich feiert Amerika den 11. November als *Veterans Day*. Fällt dieser landesweite Feiertag auf einen Sonntag (wie 1962), dann ist es den Gemeinden freigestellt, am darauffolgenden Tag öffentliche Institutionen geschlossen zu halten, oder nicht.

San Francisco, 13. November

Ich besuchte am Vormittag Vernon Dicky, meinen Sponsor, um mich zu verabschieden; der Abschied verlief unamerikanisch bei Eiswasser und grüblerischem Schweigen. Auf dem Weg zur Bank in glühender Sonnenhitze traf ich plötzlich Herrn Mathiesen, den norwegischen Politiker, den ich bereits in New York getroffen hatte: Er lief einfach in mich hinein, und als ich, gedankenverloren, aufsah, grinste er übers ganze Gesicht. Große Freude, schneller Erfahrungsaustausch; er wollte mich mittags im Hotel besuchen, doch es kam nicht dazu, da Kulturattaché Sommer mich abholte und ins Hotel Plaza fuhr, wo Günter Eich auf uns wartete, der aus Japan angekommen war und an zwei Universitäten lesen sollte. Ich bin froh, daß es mir gelungen ist, meine Lesungen in Stanford und Berkeley abzusagen. Wir gingen an den Hafen, in den Club des Weltwirtschaftsverbands und aßen dort vortrefflich hinter breiten Scheiben, angesichts der Bay Bridge und Treasure Island. Nach dem Essen sausten wir ins Sheraton Palace Hotel, wo Maximilian Schell auf uns warten wollte, der zu den Filmfestspielen gekommen war. Schell wollte mich kennenlernen, hatte mich zum Kaffee eingeladen. Im siebten

Stock, in einem sehr eleganten Appartement war ein *fashionables* Büro untergebracht, eine kühle Sekretärin, ein bärtiger adretter Sekretär. Man ließ uns warten; Herr Schell, sagte man, werde sich um wenige Minuten verspäten. Die Zeitungen hier schrieben, daß er »Schneisen in den Wald der San Francisco Schönheiten schlägt«. Wir warteten fünfundzwanzig Minuten auf ihn; als er immer noch nicht gekommen war, verließen wir das sehr elegante Appartement; ich flitzte ins Hotel zurück, wo ich eine Verabredung mit Gottschalk hatte (Film, Fernsehen, Neuheiten), unter dessen Produktion der *Hamlet*-Film entstanden war, der hier als Festspielbeitrag gezeigt wurde[1]. Die Geschichte unserer Begegnung könnte aus einem deutschen Lustspiel stammen: Man sagte mir, daß ein Finne, der Rektor der Universität Turku, im Hotel sei; da ich ihn kennenlernen wollte, musterte ich in der Halle alle Männer auf die Möglichkeit hin, der Rektor der Universität zu sein. Schließlich glaubte ich ihn gefunden zu haben: Augen, Stirn, Gangart, ging hin, sprach ihn an und erfuhr, daß es Gottschalk war, mit dem ich vor Jahren korrespondiert hatte … Wir tranken zusammen Kaffee; er erzählte mir von seiner Enttäuschung, von der Interesselosigkeit der Festspielleitung an seiner Person. Um sechs brachen wir zu einem *Drink* bei Sommer auf, zu dem auch Günter Eich mitkam. (Eichs Erzählungen von Asien waren sehr interessant, Sommer wohnt so elegant, so stilvoll, wie ein Anhänger und womöglich Jünger von George nur leben kann: hoch über den Dächern San Franciscos, mit Balkon und einer Muschelsammlung im Klo. Trotzdem schätze ich ihn sehr.) Bald wieder ins Hotel zurück, wo Larry auf mich wartete, von dem ich mich verabschieden wollte. Sehr langer, sehr trübsinniger Abschied auf beiden Seiten; wir haben einander mehr als gern gewonnen. Abschied von dem kleinen peruanischen Tänzer und von Fencke, meiner Dinnergastgeberin von Sonntag. Sehr spät ins Bett; ich bitte den Mann am Empfang, mich spätestens um sechs zu wecken, denn das Flugzeug nach Houston geht früh, und ich muß um sieben im Downtown-Terminal sein.

---

1 Hans Gottschalk (1926–2010), der Produzent des *Hamlet*-Films, den die Bavaria 1960/61 unter der Regie von Franz Peter Wirth herausbrachte und in dem Maximilian Schell die Titelrolle spielt. Gottschalk schrieb auch Drehbücher für Kinofilme und TV-Serien, u.a. zu *Raumpatrouille Orion* und war Produktionschef der Bavaria Film, München.

San Francisco – Houston, 14. November.

Morgens um 7 Uhr Fahrt zum Flugplatz von San Francisco, ein Jet der National Airlines startet um 8:45 Uhr nach Texas. Wir fliegen die kalifornische Küste entlang, klippenreich, sandige Buchten, in die der Pazifik mit langer Dünung hineinschäumt. Viele Schiffe sind unterwegs, viele Flugzeuge. Wir steigen hoch über die Wolken, fliegen mit 680 Meilen/h nach Osten, nach Houston, über die Rockies und die Wüsten von Arizona. Gelbes totes Land, einsame Ranches, leere Flußläufe, aus denen kein Wasser heraufschimmert. Immer wieder Privatflugzeuge tief unter uns. Surrealistisch anmutende Bergformationen, dann wird das Land flacher. Zum Frühstück werden alle Köstlichkeiten der Erde serviert, dazu erlesene Getränke. Meine Augen schmerzen, es ist sehr warm. Das Land wird flacher, nach drei Stunden und elf Minuten, sehr pünktlich, überfliegen wir die weitverstreuten uniformen Vorstädte Houstons, zwischen Sende- und Bohrtürmen setzt das schwere Flugzeug zur Landung an. Mit der Taxe fahre ich die zehn Meilen in die Stadt zum Hotel. Dr. Lehnert hat bereits eine Nachricht für mich hinterlassen[1]. Ein heißer, sengender Wind in der Stadt; das Klima ist hier kaum noch zu ertragen. Nach einem kurzen Besuch im *Reception Center*, wo ich mir meine Post abholte, fuhr Lehnert mich zu seinem sehr hübschen standardisierten Haus hinaus, wo er mit seiner Frau und Kind lebt. Wir tranken Kaffee, er erzählte von seinen Amerikaerfahrungen. (Mein Hotel heißt übrigens Ben William, Zimmerpreis sechs Dollar.) Das Rassenproblem wird hier natürlich viel häufiger erwähnt als in anderen Staaten, die ich besuchte. Reaktionäre Studenten; wunderbare Gerichte. (Der deutsche Professor, der seinen Prozeß vor dem Kriege verlor, die Berufung im Kriege gewann.) Der Einfluß der Kirchen, offenbar viel Heuchelei: Lehnerts haben die amerikanische Mobilität, Leben auch bereits »vorläufig.« An der Rice Universität verdient er als *Assistant Professor* 7500 Dollar. Er gedenkt noch zwei, drei Jahre hier zu bleiben und in dieser Zeit genügend Veröffentlichungen zu »haben« – denn Veröffentlichungen zählen in diesem Land bei Berufungen etc.; sie erhöhen sogar die Qualität eines Wissenschaftlers. Abendbrot bei Lehnerts, Gespräche vor dem Kamin, Rückfahrt ins Hotel, wo ich in einen erschöpften Schlaf falle.

---

1 Herbert H. Lehnert (*1925 in Lübeck), kam als junger Literaturwissenschaftler in den 50er Jahren in die USA und lehrte bis zu seiner Emeritierung 1994 an verschiedenen amerikanischen Universitäten.

Houston, 15. November

Am Morgen wurde ich abgeholt und in den Hafen hinab-
gefahren, wo ein Dampfer zu einer Rundfahrt bereitlag. Wir
fuhren bei sonnigem Wetter den trüben Kanal hinab, der
Houston mit dem Golf von Mexiko verbindet. An den be-
helfsmäßigen, wie ein Notbehelf aussehenden Kais lagen vor
allem Tanker, auch einige deutsche Schiffe; ein Veteran des
U-Boot-Krieges, der zur Besichtigung freigegeben war. Eine
unwirklich anmutende Landschaft: ausgewaschene Lehm-
küste; Dünen zwischen sehr modernen Raffinerien, Flammen
der Abgase über der Landschaft. Wir sind etwa zwei Stunden
unterwegs. Die Luft ist schlecht. Im Hotel rasch ein Hamburger gegessen, dann zu einer Pressekonferenz mit ansässigen
Journalisten. Sehr dürftige Fragen: etwa: was ist Ihnen an der
amerikanischen Presse aufgefallen, oder: Für welche Klasse
von Lesern schreiben Sie? Es war keine Unterhaltung möglich. Lehnerts holten mich nach der Pressekonferenz ab, wir
machten einen Besuch beim deutschen Konsul, Dr. Jahl, der
freundlich plauderte. In seinem Büro hängt ein Bild, ge-
rahmt, das ihn selbst im Gespräch mit Theodor Heuss zeigt.
Er zeigte sich entrüstet darüber, daß er über meine Ankunft

nicht von amerikanischer Seite unterrichtet wurde. Anschließend fuhren wir in ein Museum, das zum Teil von Mies van der Rohe gebaut wurde: ungewöhnlich eindrucksvoll. Das Ganze indes mutet ziemlich neureich an, und bei der Betrachtung der Kunstschätze hatte ich merkwürdige Gefühle. Vom Museum zur Rice Universität, wo Lehnert arbeitet: herrlicher Campus, Gebäude, die manchmal normannischen Einschlag haben. Der große Vorteil der amerikanischen Universitäten liegt darin, daß man hier von Anfang an großzügig geplant und ebenso gebaut hat. Familie Heinen hat mich zum Abendessen eingeladen, sehr kultivierte, gebildete, kranke Dame, liebenswürdiger Mann, der ungeheuer reich ist. Im weißen Cadillac zum *River Oaks Country Club*. Eintrittspreis etwa 3000 Dollar; hier trifft sich in der Tat das Geld. Amüsante Unterhaltung: Jeder Texaner bedauert jeden, der kein Texaner ist. Ich frage: »War Gott ein Texaner?« »Oh ja, und wenn er keiner war, beneidet er uns.« Viel Kaffee, sehr erlesene Speisen; sobald einer der drei schwarzen Kellner, die unseren Tisch bedienen, das Gefühl hat, daß der Kaffee nicht mehr brühend heiß ist, wird sofort eine neue Tasse hingestellt (vier Mal während dieses außerordentlichen Essens). Im sehr eleganten Haus von Mr. Heinen Musik gehört, seltene Schachspiele aus Indien und Mexiko bewundert, mit Mrs. Heinen über Kriminalromane geplaudert (sie besitzt eine erstaunliche Sammlung). Mr. Heinen fuhr mich etwa um Mitternacht in das Hotel zurück.

Houston, 16. November

Am Morgen Fahrt zur Fernseh- und Radiostation in Houston, die mich eingeladen hatte. Führung durch mittelmäßige provisorische Studios: man merkt auch hier etwas von vorläufigem Planen. Das kommerzialisierte Fernsehen ist natürlich darauf angewiesen, soviel Geld wie möglich aus der Sache herauszuschlagen. Ich erlebe die Geburt eines *Advertisements*, eine Anzeige für Bowlingkugeln: Marke *Ebonite*. Vom Schauspieler sagt man, er sei »ein guter Verkäufer«. Irgendwie hatte der Schauspieler erfahren, daß ein deutscher Schriftsteller die Station besuchte, nachdem er einige allgemeine Witze gemacht hatte, sagte er: »Ich hoffe, daß mich keiner von der Gestapo gehört hat.« Ich faßte es nicht als Beleidigung auf. Von einem zunächst hochmütigen Sekretär und einem alten Chefingenieur zum Essen im *Black Angus* eingeladen; dabei langes Gespräch über amerikanische Politik. Man fragte mich, was ich hier ändern würde, wenn ich Präsident wäre; ich sagte: »Das Wetter«, und damit gab man sich zufrieden. Um 15:15 Uhr Rückfahrt ins Hotel, wo mich nach kurzer Verschnaufpause Mr. Louis A. Wynhoff abholte, der mich zum Essen eingeladen hatte. In seinem sehr schönen, gepflegten, freilich neureich anmutenden Haus, waren noch einige Gäste; man fragte mich nach meinen Ansichten über die Kuba-Krise, dabei sprachen wir über F. J. Strauß, dem nicht allein hier großes Mißtrauen entgegengebracht wird – überall auf der Reise konnte ich Aversionen gegenüber Strauß feststellen. Das Essen, das von zwei schwarzen Frauen serviert wurde, war wieder ungewöhnlich: Krebssalat, gefüllte Taube, Früchte, Salate, Eis, Kaffee.

Noch während des Essens kam Dr. Lehnert, um mich zum Theater abzuholen, es gab – im *Alley Theatre* – *Beckett oder die Ehre Gottes* von Anouilh. Es wurde auf einer Rundbühne gespielt, die von den Zuschauerbänken eingeschlossen war. Die Requisiten wurden im Dunkeln blitzschnell hinein- und herausgetragen. Einige Szenen – wie z. B. die Papst-Szene – wurden bis zum Schwank überspielt. Zwiespältige, doch im Ganzen beachtliche Aufführung. Nach dem Theater besuchten wir ein Kneipchen, wo wir ein Glas Wein tranken; wir kamen gerade noch zur rechten Zeit: Kaum hatten wir ausgetrunken, da lief die Wirtin von Tisch zu Tisch, riß die Gläser fort, versteckte sie: nach Mitternacht darf kein Alkohol ausgeschenkt werden.

Houston, 17. November

Einen Teil des Vormittags hatte ich mir den übereifrigen Planern und Einladern abgelistet, ich schrieb mein Tagebuch weiter, schrieb einige Karten, ging dann in die Stadt, um mir ein Hemd, Unterwäsche und Strümpfe zu kaufen. Ein sehr freundlicher Mann – offensichtlich ein Jude und der Besitzer des Geschäfts – empfing mich, beriet mich sehr, sehr liebenswürdig, nachdem er gehört hatte, daß ich aus Hamburg käme. Umgerechnet erscheinen die Gegenstände doch ziemlich teuer: Hemd 6,90 Dollar, Strümpfe 1,50 Dollar. Rasches Essen im Hotel, denn 13:15 Uhr bereits holten mich Mr. und Mrs. Robert Ley zum Footballspiel ab. Riesiges Stadion der Rice Universität, Maskottchen, zwei Musikkapellen, Märsche und Jazz, Tanzvorführungen. Etwa 45 000 Zuschauer. Das Programm gab Größe und Gewicht jedes Spielers an, – bemerkenswerte Brocken waren darunter. Das Geheul der Zuschauer, die Einpeitscher und die Sprechchöre: Es klang wie eine gelenkte Brandung, drohend, unheilvoll. Die Riesen kauerten sich hin wie japanische Ringkämpfer, klatschten mit ungewöhnlicher Wucht gegeneinander, die Geräusche waren hoch auf der Tribüne zu hören. In der Pause Vorführungen der Musikkapellen, Mädchen tanzten, Märsche und Jazz. Plötzlich, von einer Minute zur andern, wurde es sehr kühl, ein Nordwind fegte ins Stadion, wir zogen unsere Mäntel an. Bob und Debby – sie nannten mich Sig – brachten mich nach dem Spiel in einen englischen Club, wo es etwas Trinkbares gab. Merkwürdiges Gespräch über deutsche Religionsphilosophen und über das amerikanische Auslandshilfeprogramm. Bob – und mit ihm viele Amerikaner – sind überzeugt, daß dies Geld zum Fenster hinausgeworfen ist; sie schäumen bei dem Gedanken, welche innenpolitischen Aufgaben man in den USA mit diesem Geld hätte bewältigen können. Fahrt zu Bobs Haus, reizend unter alten Fichten gelegen, Abendbrot und danach in *The Hamlet*, eine Art Varieté, in der zeitkritische Sketches gespielt wurden, aber auch *The New Tenant* von Ionesco. Er erregte ungewöhnliche Heiterkeit, wenngleich er mit seinem Stück Unverständnis hinterließ. Während des Spiels wird serviert, man darf auch rauchen. Die dankbarsten, glücklichsten, unbefangensten Lacher beim *Neuen Mieter* waren einige schwarze Mädchen, Angestellte des Kabarett-Theaters, die von einem Stehplatz zuschauten. Danach sahen wir *The Alligation*[1]: Ein symbolisch satirisches Spiel zum Rassenproblem: Der blinde Indianer (er will nicht Zigarren rauchen, sondern seine Friedenspfeife), die hysterische blonde Frau; der Alligator gutmütig an der Kette, der zum Schluß sich die Frau unterwirft, Coitus-Andeutungen auf der Bühne; das Gewagteste, was ich je sah.

Bob fuhr mich nach der Vorstellung nach Hause; im Wagen Gespräch über das Rassenproblem: die prozentual ungewöhnlich hohe Beteiligung der Schwarzen an Verbrechen; das

Sinken der Bodenpreise, sobald ein Schwarzer in einem Wei-
ßen-Viertel Fuß faßt. Ich hatte den Eindruck, Bob ist sehr
konservativ. Im Süden sagt man: Wir mögen den Schwarzen
als Einzelnen, hassen ihn als Rasse; im Norden sagt man: Wir
mögen den Schwarzen als Rasse, doch hassen ihn als Einzelnen. Welch ein Dilemma.

---

1 *The Alligation* ist ein kurzes Stück des amerikanischen Beatpoeten Lawrence
Ferlinghetti (*1919), zuerst publiziert in *Unfair Arguments with Existence* (New
Directions, 1963).

Houston / New Orleans, 18. November

Geruhsames Sonntagsfrühstück, greise Kellnerinnen mit rosigen Wangen und smaragdgrünen Augenlidern brachten mir mein Essen. Nach dem Essen gemächlich gepackt; um halb zehn holte mich Herbert Lehnert ab. Wir fuhren zunächst in ein riesiges *Shopping Center*, wo ich einige Süßigkeiten kaufte, danach zu ihm nach Hause. Vor jedem der gleich aussehenden, flach und leicht, doch großzügig (mit zwei Badezimmern) gebauten Häusern (zwei Garagen) stand der Straßenkreuzer bereit. Der kräftige, federnde Rasen war frisch geschnitten. Keine Menschen waren am Vormittag zu sehen. Lehnert steckte den Kamin an, er wurde von einem mühelosen Mitteilungsdrang erfaßt, er erzählte von der Universität, d.h. von dem autoritären System der amerikanischen Universitäten. Es gibt Ehrengerichte, es gibt gewisse Vergehen, die sich kein amerikanischer Student leisten darf. Wer von einer Universität relegiert wird, hat praktisch, d.h. ohne zu lügen, keine Chancen, an einer anderen Uni anzukommen. Wer etwa das Gesetz übertritt, und mit einer Studentin im Fahrstuhl hinauffährt, kann damit rechnen, seine soziale Zukunft aufs Spiel gesetzt zu haben. Nach dem Mittagessen Spaziergang am Fluß entlang, Kinder spielten Krieg. Die Privatinitiative der Väter, die für die Kinder Straßen (zur Schule) und Häuser (zum Spielen) bauen. Viele Häuser (alle mit zwei Garagen) stehen zum Verkauf (etwa 15000 Dollar). Der Kurswert der Häuser kann ungefähr mit deutschen Preisen verglichen werden. Am Nachmittag brachten Lehnerts mich zum Flugplatz, eine viermotorige Turboprop startete in der Dämmerung, durchstieß die Wolken, ich erlebte ein phantastisches Abendrot. Manchmal, wenn die Wolkendecke aufriß, sah man unten den Spiegel des Deltas und riesige Feuer – dort, wo Ölrückstände brannten. Tiefflug über die Stadt, scharfe Kurven, ein zuckendes kreisendes wildes Lichtgefunkel unter mir, alle Farben der Welt: New Orleans.

Der Taxifahrer, der mich ins Hotel brachte, – über einen schnellen Highway – betrog mich offensichtlich, doch ich hatte keine Handhabe, kein Indiz. Ich wohne im sehr eleganten Sheraton-Charles Hotel in der Charles Avenue. An der *Reception* lagen Briefe für mich bereit: Vom deutschen Generalkonsul, von Hill und Wang, vom *State Department*. Mein Zimmer hat ein (zu) laut arbeitendes *Air Condition-System*; es ist sehr schwül. Da ich sehr müde war, bestellte ich mir ein *TV Snack* (2 Dollar) aufs Zimmer, dazu Bier, schrieb einige Karten und ging vor Mitternacht zu Bett. Schwerer Traum von zu Hause; ich muß Lilochen anrufen. In der Nachbarschaft fallen mehrere Schüsse hintereinander, bald darauf heulen die Sirenen. Die Luftfeuchtigkeit ist auch nachts und bei offenem Fenster unerträglich.

Amerikanische Geschichte wird als vaterländische Geschichte gelehrt.

New Orleans, 19. November

Kaum aufgestanden, rief mich der deutsche Konsul (Mormann) an, um mich zu sich nach Hause zum Kaffee einzuladen. In der Filiale des *State Department* hat man bereits Einladungen für mich; ich nehme mir den Vormittag, um einen Spaziergang durch die Stadt, das *French Quarter* und am Hafen entlang zu machen. Zwischen den Häusern, hinter schmiedeeisernen Gittern, wunderbare Patios, in manchen (überdachten) Durchgängen kleine Lokale mit offenen Koksfeuern, alten Waffen an den Wänden, – eine außerordentlich stilvolle Schönheit. Im *French Quarter* die Reihe der Balkons, ich muß an winkende weißhäutige Damen denken, an paradierende Truppen, an Duelle und wahnsinnige Geschlechtsnot. Blasse Häuserwände, rosa und zitronenfarbene Wände: Süden. Vor den Lieblingsmotiven der ältesten Kirche des Landes, sitzen mehrere Maler. Viele Schmuckgeschäfte. Der Weg zu den Toiletten wird auf englisch und spanisch beschrieben. Viele winzige dreckige dunkle Eßlokale, in denen man für 65 Cent ein halbes Hühnchen, für 70 Cent ein ganzes Dinner essen kann. Ich bummle über den Markt. Weiße Polizisten, die den Revolver so lose tragen, daß man glaubt, er müßte bei jedem Schritt verlorengehen, betrachten das Gedränge fröhlicher Schwarzer, die Truthähne ärgern und Gänse. Artischocken, Alligator-Birnen, Bananen, Fische, Apfelsinen, Zitronen in einem einzigen Gebirge. Die schrill-pfeifenden schwarzen Jungen; die Höflichkeit des kleinen Mannes, der mir den Weg freigibt, mich in der gleichen Sekunde als Fremden erkennt und mir eine interessante Zeit in New Orleans wünscht. Nach dem (sehr billigen) Essen ging ich zur Hafenkommandatur, holte mir ein Billet ab und bestieg die Yacht *Good Neighbour* zu einer Mississippi-Fahrt, den lehmigen, manchmal rostroten Fluß hinab, an endlosen Ufern, an Fähren, den alten Missi-Dampfern; der Fluß schien unbezwungen, auch nur vorläufig schiffbar gemacht. Gespräch mit einem Finno-Amerikaner, der mir sagte: »Die Amerikaner fragen nicht *wie?* – etwa wenn die Regierung etwas befiehlt – sondern zuerst immer: *warum?*« Nach der Mississippi-Fahrt holte mich der Konsul ab, fuhr mich in seine Prachtvilla, alter Kolonialstil, mit weißen Säulen, in einer Gartenstadt gelegen. Seine Frau ist Ostpreußin, sehr freundliche Aufnahme. In der *Rush-hour* zurück zum Hotel; ich stieg aus, lief zu Fuß, da ich sehr viel schneller vorwärts kam. Mr. und Mrs. Holding Carter hatten mich zum Dinner eingeladen (er ist Professor für *creative writing*, selbst ein angesehener Schriftsteller, ein Anwalt der Integration). Sehr reizende Leute, sie ein wenig müde lässige Herrendame (der wunderbare Herrensitz am Mississippi). Zum Dinner gab es gebackene Austern, Mirabellenwein, Langusten, Maisbrei, Pistazienpüree. In der Tulane Uni sprach Lederer (*The Ugly American*) über die Bedeutung des »Image«. Die Amerikaner haben meistens ein falsches »Image« der anderen. Gegenbeispiel: der amerikanische Botschafter in Japan: Reischauer[1]. (Hübsche Geschichte) Das volkstümlich propagandistische Element in Lederes Vortrag! Selbstbewußter Patriotismus über eine Psychologie der Selbstbezichtigungen. Was ist nötig, um den Kommunismus einzudämmen? Sprachkenntnisse! Zunächst. (Beispiel: *Voice of America* in Asien) Party bei einer Buchhändlerin. Lederer erinnert mich an einen Conferencier (sehr intelligent). Er setzt mir seine pragmatischen Ansichten über Asienpolitik auseinander: entweder Krieg oder Propaganda. Nach ein Uhr nachts ins Hotel. Lilochen angerufen.

---

1 Edwin O. Reischauer (1910–1990), Japanologe, arbeitete lange Jahre als Prof. in Harvard und war von 1961 bis 1966 amerikanischer Botschafter in Tokio. Gilt als der herausragendste Kenner und Asien-Spezialist unter den Diplomaten und Wissenschaftlern in den USA.

New Orleans, 20. November

Im *State Department* sagte ich meine Abendverabredungen ab, um mich einmal ausschlafen zu können und die dringendsten Schreibarbeiten zu machen. Der Ausbruch aus dem Gefängnis der Gastfreundschaft gelang, da ich meine Gastgeber davon überzeugen konnte, daß man Amerika besser in entspannter, meditativer Weise kennenlernen könnte. Trotzdem ging ich am Vormittag zu Jerome Cushmann, dem Chefbibliothekar von New Orleans. Er empfing mich wie einen Freund, hatte von Washington (*Meridian House*) einen entsprechenden Brief erhalten. Jerome lud mich gleich zum Abendessen ein, zum *Thanksgiving Dinner*, zum Wochenende – und war ebenfalls befremdet über die Dichte meines Programms, die mir eine Annahme seiner Einladungen nicht erlaubte. Jerome, ein Jude – er sagte es ganz beiläufig – war ohne Zweifel einer der offenherzigsten, liebenswürdigsten Leute, die ich auf dieser Reise kennenlernte. Er erzählte mir von seiner Bibliothek, die wunderbar eingerichtet, noch verhältnismäßig neu ist (1960). Die Bibliothek ist in dieser Stadt gewissermaßen der einzige Platz, an dem sich die Rassen in bester Eintracht treffen; etwa 30 % der Leser sind Schwarze.

Allerdings, sagte Jerome, mache sich in der Stadt stillschweigend hier und da die Vernunft bemerkbar: Einige Lokale haben wortlos die Trennwände entfernt, ohne daß es zu Entrüstungen gekommen wäre. Es besteht ein – nach wie vor – ausgesprochener Haß, der ökonomische, soziale und auch sexuelle Gründe hat. Jerome argumentierte etwa: Die weiße Frau ist fasziniert vom sexuellen Versprechen des Schwarzen, seinen sexuellen Reizen, doch da diese ihr unerreichbar sind und bleiben müssen – da sie nicht zu ihm hinabsteigen darf – ist die unmittelbare, psychologisch offensichtliche Folge: Haß. Übrigens hat die Nachkriegsgeneration der amerikanischen Schriftsteller seine Erwartungen nicht erfüllt. Sein Vertreter zeigte mir die Bibliothek, (das *Lightship* war vorhanden), dann lud mich Jerome zum Mittagessen in eine Cafeteria ein. Sehr gutes Essen; dann lief ich durch warmen Regen durch die Hauptstraße, die Canal Street, die, nach dem Urteil der Leute von New Orleans, der breiteste Boulevard der Welt sein soll. Auffallend viele Schmuckgeschäfte, mit scheußlichen, klobigen, zahllosen Diamantringen (um 500 Dollar), dann ein Block Damenkonfektion, dann Herrenschuhe. Aus vielen Geschäften dringt herrlicher Jazz, in den Eingängen stehen schwarze Jungen, lauschen, bewegen sich in verhaltenem Körperrhythmus. Bildschöne junge schwarze Mädchen, weltläufiges Make-up, entsetzliche Hüte, wie sie die weißen Amerikanerinnen tragen. Strümpfe gekauft und ein Geschenk für Rinski[1]. Früh ins Bett.

---

1 Gemeint ist Walter Lindau, der Vater von Liselotte Lenz.

New Orleans, 21. November

In diesem großzügigen eleganten Zimmer des Sheraton Hotels entdeckte ich – mein Zimmer liegt im 8. Stock – abenteuerliche Insekten, eine ganze Prozession zog die Fußleisten entlang, darunter harte Tiere mit Höckern, die mir so unheimlich waren, daß ich einige von ihnen erschlug. Sonniger Tag, bei uns wäre dies ein vollkommener Sommertag; hier allerdings tragen Frauen und Männer Mäntel. Spaziergang mit Georg Mormann, dem Sohn des Generalkonsuls, durch das *French Quarter*; er erzählt mir, daß an der Tulane Uni zwei Schwarze studieren. Ich sehe den Bus namens *Desire*; er flitzt durch die am Tag ausgestorbene Straße der Striptease-Lokale. Wir essen zusammen Pfannkuchen, fahren dann mit der Straßenbahn zu Mormanns Haus. Mit uns sitzen Schwarze im Abteil, keine Trennwand mehr: das wäre vor zwei Jahren undenkbar gewesen. Ich sehe eine hübsche junge schwarze Frau, die sich das Gesicht hell gepudert hat. Mittagessen bei Mormanns, streng katholischer Haushalt – einer der Söhne wird im nächsten Jahr zum Priester geweiht. Wir sprechen über die *Spiegel*-Affäre, und Mormann – von Hause aus ein Strafrechtswissenschaftler – erklärt, daß die Verhaftung von

Ahlers in Spanien ungesetzmäßig war.[1] Mormann hat es auf-
gegeben, die amerikanische Gewohnheit der Parties einzu-
führen; es kommt ihm ebenso albern belanglos und ober-
flächlich vor wie mir. Wenn er die Gesellschaft von Leuten
wünscht, dann lädt er sie zum Essen ein und führt mit ihnen
ein gründliches Gespräch. (Bei seinem Einzug nahm er die
Höflichkeitsfloskeln der Nachbarn: »Besuchen Sie mich mal
auf einen *Drink!*« – ernst und mußte erleben, daß seine ver-
meintlichen Gastgeber im Bett lagen.) Die Geschichte, wes-
wegen der Illustriertenphotograph Hilmar Pabel Aufsehen
erregte: alte schwarze Frau, Bus hielt. Gespräch über das
Schulsystem und die Erziehung in Amerika überhaupt. Es
trifft zu, daß ein amerikanischer Student das Niveau eines
deutschen Schülers hat, der gerade in die Prima versetzt
wurde.

Amerikanische Literatur wird heute zu einem verblüf-
fenden Teil durch Colleges und Universitäten zu Ansehen ge-
bracht: Salinger wäre nichts ohne den Zuspruch der Studenten, Golding ist ein anderes Beispiel.

Rückfahrt ins Hotel, deutsche Zeitungen gelesen – nach
langer Zeit zum ersten Mal. Spaziergang während der Rush-
hour. Das Nummernschild von Louisiana hat den Slogan:
Sportsmen Paradise – wie etwa Wyoming den Cowboy auf
dem bockenden Gaul hat. In den Schaufenstern der Restaurants liegen, drehen sich am Spieß riesige rotfleischige Puter;
in einer Eßbar säbelt ein Kellner Putenfleisch in Scheiben her-
unter: Morgen ist *Thanksgiving*. Ein Reklameschild zeigt Opa
und Enkelin meditativ betend vor einem knusprigen Puter.
(In Kalifornien sah ich riesige Farmen neben der Bahn, des-

gleichen in Iowa.) Für mich beginnt morgen die letzte Reise auf amerikanischem Boden, die Reise von New Orleans nach New York. Als ich meinen Flug bestätigte, stellte man mir ein *Thanksgiving Dinner* an Bord in Aussicht. Der Generalkonsul will mich selbst zum Flugplatz fahren. Aus New York werden Schneestürme gemeldet.

Gib' es Gott, daß alles gut verläuft und die Maschine dort landen kann.

Erzählung: *Karneval in New Orleans*[2]

---

1 Vom stellvertretenden Chefredakteur des *Spiegel* Conrad Ahlers (1922–1980) erschien am 10. Oktober 1962 ein Artikel über die nur bedingte Verteidigungsbereitschaft der Bundeswehr. Es kam daraufhin zu mehreren Verhaftungen von *Spiegel*-Redakteuren, darunter auch Ahlers und Augstein. Das Verhalten von Verteidigungsminister Franz Joseph Strauß in dem Fall führte zu einer Regierungskrise und dessen Rücktritt.

2 Siegfried Lenz hat diese Erzählung nicht geschrieben.

New Orleans / New York, 22. November

Wunderbares sommerliches *Thanksgiving*-Wetter, ich verabschiede mich am Vormittag von italienischen Bekannten (Sozialisten), die mir mit hinterlistiger Freude erzählten, wie schockiert die Amerikaner bei jeder Vorstellung waren. Am Mittag brachten mich der Generalkonsul und sein Sohn zum Flugplatz hinaus, mit Jet-Delta über den sumpfigen Mündungsgebieten des Mississippi – Flug in Richtung New York. Wunderbare Sicht, Wasserläufe, einsame Atolle, Motorboote, kleine Inseln, auf denen Ferienhäuser stehen. Dann wird das Land rotbraun, schließlich rot, Wälder und bizarre Wasserläufe. An Bord des Flugzeugs wurde ein außergewöhnliches Dinner serviert: außer dem traditionellen *Turkey* süße Kartoffeln, Schokoladenpüree mit Eierschaum, Kuchen, Champagner. Der Flug dauerte zwei Stunden, dann umständliches Kreisen über New York und Landung auf dem Flughafen von Newark. Ein Taxifahrer brachte mich in die 43. Straße, ins Hotel Diplomat, unmittelbar am Broadway. Mexikaner und Puertoricaner überfüllten das Hotel, ungewöhnliche Mieter außerdem: riesige Schwarze, Chinesen, Filipinos. Es wird hier jeden Tag ein Ball gefeiert, der Lärm ist unbeschreiblich;

überdies ist es das schäbigste und unfreundlichste Hotel, das ich bisher auf meiner Reise gesehen habe. Abends Bummel über den Broadway; es ist empfindlich kalt; berittene Polizei regelt den Verkehr. Die Gesichter sind keineswegs sympathisch; viele Bettler in abgetragenem Zeug. Ansicht der Metro-Oper, sie sieht wie ein vernachlässigter Güterbahnhof der wilhelminischen Epoche aus[1]. Die Broadway-Theater selbst haben außen ebenfalls etwas Unscheinbares; niemals jedoch eine Fassade wie bei uns. Mächtiges Gewoge von Leibern auf den Trottoirs. Im Vergleich zu allen anderen Städten ist N. Y. enorm teuer; für ein gutes, keineswegs jedoch außergewöhnliches Dinner mußte ich drei Dollar bezahlen. Briefe von Frank Scheer und Mr. Wang, meinem Verleger, erwarteten mich im Hotel. Der Lärm vom Broadway, die Schritte, Rufe, Stimmen der Mexikaner etc. ließen mich nicht schlafen, obwohl ich sehr erschöpft war, zudem verbreitete ein kleiner starker, nicht abstellbarer Heizkörper solch eine Hitze, daß mein Mund austrocknete. Im Foyer sitzen viele alte Männer, einige sehen wie emigrierte Universitätsprofessoren aus: die Opfer der süd- und mittelamerikanischen Diktaturen. Zwei Männer zanken sich, ungefähr fünfzehn andere schnurrbärtige Herren schauen zu.

---

1 Die Metropolitan Opera (*Met*) hatte ihr Domizil zu dieser Zeit in einem Opernhaus, das in New York zwischen der 39. und 40. Straße am Broadway lag. Im Herbst 1966 zog die *Met* um an die Upper Westside.

New York, 23. November

Morgendlicher Gang zum *State Department, reception center*, wo Pläne und Programme für mich bereitliegen, sowie ein letzter Scheck, der meine Unkosten bis zum 27. November (nicht bis zum 28.) deckt. Desgleichen ist nicht der Buch-Scheck aufzutreiben, der mir in Washington versprochen wurde. Man spürt in jeder Weise die anonyme Atmosphäre der Großstadt – denn im Unterschied zu allen anderen Stationen: kein Willkommen, keine Hinweise und Ratschläge. Ich mache mir mein eigenes Programm: besuche zunächst das *Museum of Modern Art* – herrliche Chagall, viele deutsche Maler, Siqueiros (das Leid: metallische Kinderköpfe). Auf der Erde vor den Bildern sitzen Studenten und Studentinnen, versunken, meditierend, begierig jedenfalls, sich zu versenken. Kunststudenten schreiben angesichts der Bilder ihre Arbeiten.

Von draußen immer wieder Polizeisirenen. Ich frage mich: Zu welch einem Ziel, welch einem Ereignis sind sie unterwegs. New York, das bleibt für mich auch ein Überangebot an Polizeisirenen. Keine Stille, keine Bewegungslosigkeit, und ich denke: der große Leviathan hat seinen Anfall. Jeden Augenblick geschieht etwas – geschieht, was du nicht für möglich hältst, aber was hier mit einem Achselzucken quittiert wird. Hier wird dir bewiesen, welch eine armselige Erscheinung du bist.

Editorische Notiz

Siegfried Lenz war im Frühjahr 1962 eingeladen worden vom amerikanischen Botschafter in Deutschland, die Vereinigten Staaten zu besuchen. Der junge, bereits vielbeachtete Autor sollte sich seine Reise nach Belieben zusammenstellen. Am 15. Oktober flog Lenz nach New York und reiste von dort bis zum 28. November 1962 kreuz und quer durch die USA. – An den verschiedenen Stationen empfangen und unterstützt wurde er von ortsansässigen »Sponsoren«, als »guest of honour« stand er in diesen Wochen nicht selten im Zentrum von Cocktailpartys und Empfängen. – Das *Amerikanische Tagebuch 1962* ist das einzige Tagebuch, das Siegfried Lenz je geführt hat. Es wurde verfasst mit dem Zweck, sich zurück in Hamburg besser erinnern zu können an die intensiven Eindrücke dieser ungewöhnlichen Reise. Die Widmung »Amerika Reise. Für Lilochen geschrieben« ist daher wörtlich zu nehmen.

In der vorliegenden Transkription wurden offensichtliche Fehler und Falschschreibungen stillschweigend korrigiert. Auf Anmerkungen und Erläuterung von Personen, Orten oder historischen Begebenheiten dieses ereignisreichen Jahres 1962 wurde verzichtet, soweit gängige Lexika oder das Internet verlässliche Informationen bieten, die den möglichen Kenntnisstand des Autors während seiner Reise wiedergeben.

Werke von Siegfried Lenz
im Hoffmann und Campe Verlag

Amerikanisches Tagebuch 1962
Reisebericht
160 Seiten, 2012

Die Maske
Erzählungen
128 Seiten, 2011

Die Versuchsperson
Harmonie
Stücke
64 Seiten, 2011

Landesbühne
Novelle
128 Seiten, 2009

Die Versuchsperson
Stück
30 Seiten, 2009

Schweigeminute
Novelle
128 Seiten, 2008

Selbstversetzung
Über Schreiben und Leben
104 Seiten, 2006

Fundbüro
Roman
336 Seiten, 2003

**Mutmaßungen über
die Zukunft der Literatur**
Essays
80 Seiten, 2001

Arnes Nachlaß
Roman
208 Seiten, 1999

Über den Schmerz
Essays
168 Seiten, 1998

Ludmilla
Erzählungen
176 Seiten, 1996

Die Auflehnung
Roman
432 Seiten, 1994

Über das Gedächtnis
Reden und Aufsätze
200 Seiten, 1992

Die Klangprobe
Roman
384 Seiten, 1990

Das serbische Mädchen
Erzählungen
320 Seiten, 1987

Kleines Strandgut
104 Seiten, 1986

Leute von Hamburg
Meine Straße
64 Seiten, 1986

Exerzierplatz
Roman
460 Seiten, 1985

Ein Kriegsende
Erzählung
64 Seiten, 1984

Elfenbeinturm und Barrikade
Erfahrungen am Schreibtisch
254 Seiten, 1983

Der Verlust
Roman
224 Seiten, 1981

Drei Stücke
Zeit der Schuldlosen
Das Gesicht
Die Augenbinde
298 Seiten, 1980

**Gespräche mit Manès Sperber
und Leszek Kolakowski**
128 Seiten, 1980

Heimatmuseum
Roman
656 Seiten, 1978

Die frühen Romane
Es waren Habichte in der Luft
Der Mann im Strom Brot
und Spiele Stadtgespräch
776 Seiten, 1976

**Einstein überquert die Elbe
bei Hamburg**
Erzählungen
312 Seiten, 1975

Der Geist der Mirabelle
Geschichten aus Bollerup
126 Seiten, 1975

Das Vorbild
Roman
528 Seiten, 1973

So war das mit dem Zirkus
Fünf Geschichten
aus Suleyken
48 Seiten, 1971

Beziehungen
Ansichten und Bekenntnisse
zur Literatur
300 Seiten, 1970

Deutschstunde
Roman
400 Seiten, 1968
Jubiläumsausgabe 2008

Haussuchung
Hörspiele
216 Seiten, 1967

Der Spielverderber
Erzählungen
244 Seiten, 1965

**Lehmanns Erzählungen
oder
So schön war mein Markt**
Aus den Bekenntnissen
eines Schwarzhändlers
96 Seiten, 1964

Das Gesicht
Komödie
94 Seiten, 1964

Stadtgespräch
Roman
360 Seiten, 1963

Das Feuerschiff
Erzählungen
176 Seiten, 1960

Brot und Spiele
Roman
304 Seiten, 1959

Jäger des Spotts
Geschichten dieser Zeit
214 Seiten, 1958

Der Mann im Strom
Roman
228 Seiten, 1957
Sonderausgabe 2002

Das Kabinett der Konterbande
Studie
29 Seiten, 1956

So zärtlich war Suleyken
Masurische Geschichten
152 Seiten, 1955

Duell mit dem Schatten
Roman
324 Seiten, 1953

Es waren Habichte in der Luft
Roman
282 Seiten, 1951

WERKAUSGABE
IN 20 BÄNDEN, 1996–1999

**Es waren Habichte
in der Luft, Bd. 1**
Roman
282 Seiten

**Duell mit dem
Schatten, Bd. 2**
Roman
324 Seiten

Der Mann im Strom, Bd. 3
Roman
228 Seiten

Brot und Spiele, Bd. 4
Roman
304 Seiten

Stadtgespräch, Bd. 5
Roman
360 Seiten

Deutschstunde, Bd. 6
Roman
400 Seiten

Das Vorbild, Bd. 7
Roman
528 Seiten

Heimatmuseum, Bd. 8
Roman
656 Seiten

Der Verlust, Bd. 9
Roman
224 Seiten

Exerzierplatz, Bd. 10
Roman
60 Seiten

Die Klangprobe, Bd. 11
Roman
384 Seiten

Die Auflehnung, Bd. 12
Roman
432 Seiten

Erzählungen 1.
1949–1955, Bd. 13
360 Seiten

Erzählungen 2.
1956–1962, Bd. 14
458 Seiten

Erzählungen 3.
1964–1975, Bd. 15
680 Seiten

Erzählungen 4.
1976–1995, Bd. 16
560 Seiten

Drei Stücke, Bd. 17
298 Seiten, 1980

Hörspiele, Bd. 18
224 Seiten

Essays 1. 1955–1982,
Bd. 19
592 Seiten

Essays 2. 1970–1997,
Bd. 20
512 Seiten

WEITERE AUSGABEN

Das Wunder von Striegeldorf
Eine Weihnachtsgeschichte
Geschenkbuch
48 Seiten, 2012

Kleines Strandgut
Aufgesammelt und gezeichnet
von Siegfried und Liselotte Lenz
Geschenkbuch
96 Seiten, 2011

Wasserwelten
Die schönsten Meerestexte
von Siegfried Lenz
Zusammengestellt
von Hanjo Kesting
352 Seiten, 2010

Die Flut ist pünktlich
Meistererzählungen
128 Seiten, 2010

Der Anfang von etwas
Meistererzählungen
128 Seiten, 2009

Der Ostertisch
Geschenkbuch
40 Seiten, 2009

Kummer mit jütländischen
Kaffeetafeln
Geschenkbuch
24 Seiten, 2008

Die Erzählungen
1536 Seiten, 2006

Zaungast
Erzählungen
112 Seiten, 2002

Zeittafel

1926	Siegfried Lenz wird am 17. März als Sohn eines Zollbeamten in Lyck (Masuren/Ostpreußen) geboren.
1932–1943	Schulbesuch in Lyck und Samter.
1943–1945	Notabitur, dann Einberufung zur Kriegsmarine; nach viermonatiger Ausbildung erstes Bordkommando auf der »Admiral Scheer«; nach Bombardierung des Schiffes stationiert in Dänemark. Desertion kurz vor dem Zusammenbruch. Lenz gerät in englische Gefangenschaft und wird als Dolmetscher einer amtlichen Entlassungskommission eingesetzt. Noch 1945 Entlassung nach Hamburg.
1946–1950	Studium der Philosophie, Anglistik und Literaturwissenschaft an der Universität Hamburg; Lenz will zunächst Lehrer werden. Finanzierung des Studiums überwiegend durch Schwarzhandel. Erste kleinere Rundfunkbeiträge für den NWDR in der Sendereihe »Wir erinnern an …«.
1948/1949	Volontariat bei der englischen Besatzungszeitung *Die Welt,* für die er auch schon während des Studiums gearbeitet hatte. Dort lernt Lenz seine spätere Ehefrau Liselotte kennen.
1949	Heirat.
1950/1951	Nachrichten-, dann Feuilletonredakteur bei der *Welt.*
1951	Der erste Roman *Es waren Habichte in der Luft* erscheint; er war zuvor in der *Welt* als Fortsetzungsroman abgedruckt worden. Seitdem lebt Lenz als freier Schriftsteller in Hamburg und im Sommer in Lebøllykke auf der Insel Alsen (Dänemark).
1952	Anschluß an die Gruppe 47. Noch in der Versuchsphase des NWDR-Fernsehens schreibt Lenz das Drehbuch zum Fernsehspiel *Inspektor Tondi.* Im NWDR-Hörfunk wird sein erstes größeres Hörspiel *Wanderjahre ohne Lehre* gesendet.
1953	*Duell mit dem Schatten,* Roman.
1954	*Die Nacht des Tauchers,* Hörspiel.
1955	*So zärtlich war Suleyken. Masurische Geschichten,* Erzählungen (Verfilmung fürs Fernsehen 1971/1972). *Der Hafen ist voller Geheimnisse,* Hörspiel. *Die verlorene Magie der Märkte,* Hörspiel. *Das schönste Fest der Welt,* Hörspiel.
1956	*Die Muschel öffnet sich langsam,* Hörspiel. *Resignation in Baccar,* Hörspiel. *Die neuen Stützen der Gesellschaft,* Hörspiel.

1957	*Der Mann im Strom*, Roman (1958 mit Hans Albers verfilmt; Neuverfilmung 2005).
1958	*Jäger des Spotts. Geschichten aus dieser Zeit*, Erzählungen.
1959	*Brot und Spiele*, Roman (auch verfilmt).
1960	*Das Feuerschiff*, Erzählungen (Verfilmung 1963). Mitglied der Freien Akademie der Künste in Hamburg.
1961	*Zeit der Schuldlosen – Zeit der Schuldigen*, Hörspiele. *Zeit der Schuldlosen*, Drama (Bearbeitung der Hörspiele, verfilmt 1964); Uraufführung durch Gustaf Gründgens am 19. September im Deutschen Schauspielhaus, Hamburg.
1962	*Stimmungen der See*, Erzählungen.
1963	*Stadtgespräch*, Roman.
1964	*Lehmanns Erzählungen oder So schön war mein Markt. Aus den Bekenntnissen eines Schwarzhändlers*, Erzählung. *Das Gesicht*, Komödie; Uraufführung am 18. September im Deutschen Schauspielhaus, Hamburg.
1965	*Der Spielverderber*, Erzählungen. Beginn seines Engagements in der Sozialdemokratischen Wählerinitiative (bis Anfang der 70er Jahre).
1966	*Die Enttäuschung*, Hörspiel.
1967	*Haussuchung*, Hörspiele. *Das Labyrinth*, Hörspiel.
1968	*Deutschstunde*, Roman (1970 fürs Fernsehen verfilmt); bis heute über 2,25millionenmal weltweit verkauft. *Leute von Hamburg*, Erzählung.
1968/1969	Vortragsreisen nach Australien und in die USA mit Gastprofessur an der University of Houston, Texas.
1970	Lenz reist auf Einladung von Willy Brandt zusammen mit Günter Grass nach Polen zur Unterzeichnung des Warschauer Vertrages. *Beziehungen. Ansichten und Bekenntnisse zur Literatur*, Essays. *Die Augenbinde*, Schauspiel; Uraufführung am 28. Februar im Düsseldorfer Schauspielhaus. *Nicht alle Förster sind froh*, Dialog.
1973	*Das Vorbild*, Roman. Mitglied der Deutschen Akademie für Sprache und Dichtung, Darmstadt.
1975	*Der Geist der Mirabelle. Geschichten aus Bollerup*, Erzählungen. *Einstein überquert die Elbe bei Hamburg*, Erzählungen.
1978	*Heimatmuseum*, Roman (Fernsehfilm 1988).
1979	Lenz lehnt den Verdienstorden der Bundesrepublik Deutschland (Bundesverdienstkreuz) zusammen mit Heinrich Böll und Günter Grass ab.
1980	*Drei Stücke*, Dramen. *Gespräche mit Manès Sperber und Leszek Kolakowski*.
1981	*Der Verlust*, Roman.
1982	*Über Phantasie. Gespräche mit Heinrich Böll, Günter Grass, Walter Kempowski, Pavel Kohout*.

1983	*Elfenbeinturm und Barrikade. Erfahrungen am Schreibtisch,* Essays.
1984	*Ein Kriegsende,* Erzählung (als Filmerzählung für das Fernsehen geschrieben).
1985	*Exerzierplatz,* Roman.
1986	Zusammen mit Liselotte Lenz *Kleines Strandgut. 48 Farbstiftzeichnungen.* Erwerb des Sommerhauses in Tetenhusen (bei Schleswig).
1987	*Das serbische Mädchen,* Erzählungen (1990 auch verfilmt).
1988	*Die Bergung,* Hörspiel.
1990	*Die Klangprobe,* Roman.
1992	*Über das Gedächtnis. Reden und Aufsätze.*
1994	*Die Auflehnung,* Roman.
1996	*Ludmilla,* Erzählungen. Beginn der Werkausgabe in Einzelbänden.
1998	*Über den Schmerz,* Essays.
1999	*Arnes Nachlaß,* Roman. Abschluß der 20bändigen Werkausgabe.
2001	*Mutmaßungen über die Zukunft der Literatur,* Essays.
2003	*Fundbüro,* Roman.
2004	*Zaungast,* Erzählungen.
2006	Aus Anlaß des 80. Geburtstages von Siegfried Lenz erscheinen seine sämtlichen Erzählungen in einem Band (*Die Erzählungen*) und die Essaysammlung *Selbstversetzung. Über Schreiben und Leben.* Verfilmung von *Der Mann im Strom.*
2008	*Schweigeminute,* Novelle. Verfilmung von *Das Feuerschiff.*
2009	*Landesbühne,* Novelle. *Die Versuchsperson,* Stück.
2010	Verfilmung von *Die Auflehnung.*
2011	*Die Vesuchsperson. Harmonie,* Stücke *Die Maske,* Erzählungen
2012	*Amerikanisches Tagebuch 1962,* Reisebericht

Auszeichnungen, Ehrungen und Preise

1952	René-Schickele-Preis
1953	Stipendium des Lessing-Preises der Freien und Hansestadt Hamburg
1961	Gerhart-Hauptmann-Preis der Freien Volksbühne Berlin; Ostpreußischer Literaturpreis
1962	Georg-Mackensen-Literaturpreis; Literaturpreis der Freien Hansestadt Bremen
1966	Großer Kunstpreis des Landes Nordrhein-Westfalen für Literatur; Hamburger Leserpreis
1970	Literaturpreis Deutscher Freimaurer (Lessing-Ring)
1976	Ehrendoktorwürde der Universität Hamburg
1978	Kulturpreis der Stadt Goslar
1979	Andreas-Gryphius-Preis
1984	Thomas-Mann-Preis der Hansestadt Lübeck
1985	Manès-Sperber-Preis der österreichischen Regierung; DAG-Fernsehpreis
1986	Plakette der Freien Akademie der Künste in Hamburg
1987	Wilhelm-Raabe-Preis der Stadt Braunschweig
1988	Friedenspreis des Deutschen Buchhandels
1989	Literaturpreis der Heinz-Galinski-Stiftung
1993	Ehrendoktorwürde der Ben-Gurion-Universität (Israel)
1995	Bayerischer Staatspreis für Literatur (Jean-Paul-Preis)
1996	Hermann-Sinsheimer-Preis für Literatur und Publizistik der Stadt Freinsheim
1997	Adolf-Würth-Preis für Europäische Literatur
1998	Gerhard-Mercator-Professur der Universität Duisburg; polnischer Samuel-Bogumil-Linde-Preis
1999	Goethe-Preis der Stadt Frankfurt am Main
2001	Ehrenbürger der Freien und Hansestadt Hamburg; Ehrensenator der Universität Hamburg; Weilheimer Literaturpreis; Ehrendoktorwürde der Universität Erlangen-Nürnberg
2002	Hansepreis für Völkerverständigung Bremen; Ehrenpreis des Bayerischen Ministerpräsidenten beim Internationalen Buchpreis Corine
2003	Heinrich-Heine-Professur der Universität Düsseldorf; Johann-Wolfgang-von-Goethe-Medaille in Gold der Alfred Toepfer Stiftung

2004	Hannelore-Greve-Literaturpreis;
	Ehrenbürgerwürde des Landes Schleswig-Holstein
2005	Hermann-Ehlers-Preis
2006	Ehrenpreis der Goldenen Feder (Medienpreis der Bauer Verlagsgruppe)
2007	Ehren-Schleusenwärter der Congregation der Alster-Schleusenwärter S. C. in Hamburg
2009	Lew-Kopelew-Preis für Frieden und Menschenrechte
2010	Premio Nonino, Udine
2011	Ehrenbürgerwürde seiner Geburtsstadt Lyck, der heutigen Stadt Ełk in Polen

1. Auflage 2012
Copyright © 2012 by
Hoffmann und Campe Verlag, Hamburg
www.hoca.de
Satz: Dörlemann Satz, Lemförde
Gesetzt aus der Minion und der Frutiger
Druck und Bindung: GGP Media GmbH, Pößneck
Printed in Germany
ISBN 978-3-455-40422-7

Ein Unternehmen der
GANSKE VERLAGSGRUPPE

ins Hotel zurück, wo ich eine Verabredung mit Gottdalk hatte, (Fräulein-Fer
sehen, Mütterlein) unterdessen (Produktion der Kamef Spielen entstanden war, de kleinerls
Festspielbeitrag gezeigt wurde. Die Geschichte unserer Begegnung könnte aus einem
deutschen Lustspiel stammen: man sagte mir, daß ein Fräulein, der Rektor der Universität
erst auf Türkei, im Hotel sei. da ich ihn kennenlernen wollte, mußte ich in der Halle alle
Männer auf die Möglichkeit hin, der Rektor der Universität zu sein. Schließlich glaubte ich
ihn gefunden zu haben: Augen, Stirn, Gangart, ging hin, sprach ihn an und dat ihn,
daß er Gottdalk war, mit dem ich verschen Korrespondenz hatte. Wir tranken zu
sammen Kaffee; er erzählte mir von seiner Entstammung, von der Interesselosig
keit der Festspielleitung an seiner Person. Um sechs tranken wir zu einem Drink
bei Sommer auf, den auch fünfte Eris mitkam. (Eris Erzählungen von
Äpfeln werde ich interessant) Sommer wohnt so elegant, so stilvoll, wie ein Am
tringer und womöglich junger vorsorge mir leben Raum: hoch über der Vi
den San Franziskos, mit Balkon und einer Muschelsammlung im Klo. Trotz
dem schätze ich ihn sehr. Bald wieder ins Hotel zurück, wo Larry auf mich war
tete, von dem ich mich verabschieden wollte. schlange, schtribtninger Chadicer
auf beiden Seiten, wir haben einander mehr ab gern gewonnen, Abschied von der
kleinen peruanischen Tänzerin und von Feuerkolk, meiner Dinnergastgeberin
vom Samstag. Sch spät ins Bett; ich bitte den Mann im Empfang,
mich spätestens um 6 zu wecken, denn das Flugzeug nach Houston geht früh
und ich muß um 7:00 im Downtown-Terminal sein.